人生のBGM
はラジオが
ちょうどいいと
思うのです。

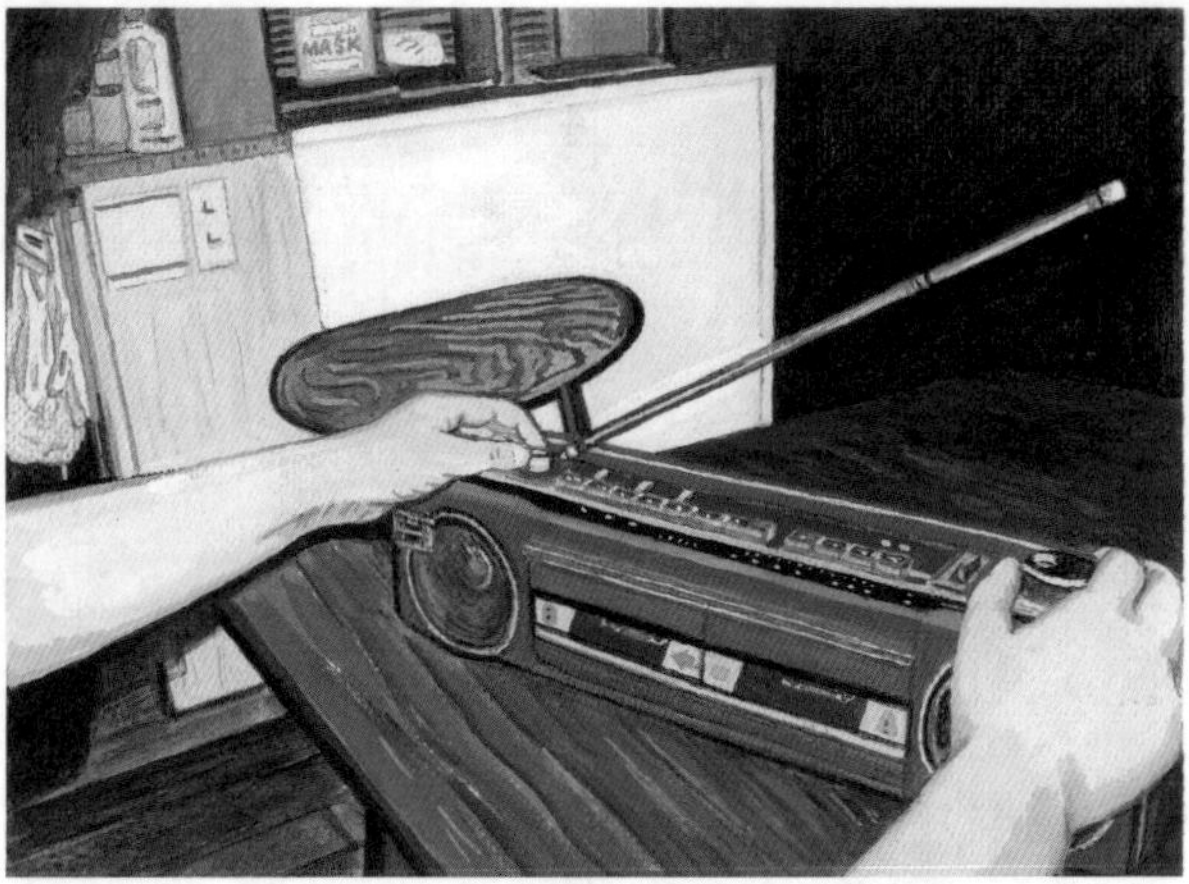

人生のBGMはラジオがちょうどいい

春風亭一之輔

双葉社

小学生の頃　005

中学生の頃　031

高校生の頃　107

本書は２０１５年10月号から２０１９年12月号まで、
月刊誌『ＥＸ大衆』（双葉社刊）にて掲載されていた同名の連載を、加筆修正したものです。

小学生の頃

第1回

つとむ伯父さんと『玉置宏の笑顔でこんにちは！』

幼い頃のはなし。

私の母の兄、つとむ（仮）伯父さんは大工だった。親類は皆、40を過ぎた独り者の彼を「つとむちゃん」と呼んでいた。私はいい年をしたオジサンをちゃん付けで呼ぶのはなんだか憚られ、「ダイクサン」と職業名で呼んだ。「ダイクサン」と呼んでも、つとむちゃんは自分のことを「つとむちゃんはよぉ」と返してくる。真っ黒に日焼けして、いつも右耳にハイライトを挟んでいた。ハイライトは当時170円だったか。お使いに行かされて、お釣りの30円の内10円だけお小遣いにもらってたっけ。

つとむちゃんには「自由自在にオナラを出せる」という特技があった。あと「トウモロコシをメチャクチャ綺麗に食べること」も出来た。こんなもん釘を抜くのと同じ要領だ、とのこと。

後者は正直どうでもいいが、小学生のキラーコンテンツである「オナラ」を操れるつとむちゃんは親類の子供たちのヒーローだった。

我々が「してよー！」と頼むと、オウッと言って「ペッ～」と水気を含んだ、実に間の抜けた高音を響かせる。「プ～ッ」ではない。「ペッ～」だ。まるで伝わらないと思うが、小ぶりなトランペットみたいな音。

いつでもどこでも気前よくしてくれる。一度爺さんの法事でお坊さんの法話中にやり、婆さんから「するなら便所でやれっ！」と怒られていた。40過ぎが80過ぎに言われる小言じゃない。「いやいや、俺のは臭くねぇから」「そういう問題じゃないっ！」至極もっともな婆さんの返しの後に、坊さんが「いや、つとむちゃんのもしっかり臭いよ……」と苦笑いしていた。猛烈にくだらなくてよく覚えている。

小3くらいの頃､夏休みになると私は本家の離れにあるつとむちゃんの家に遊びに行く。つとむちゃんは遊んでくれない。私は大工仕事をひたすら見るのみ。

午前中、仕事場のラジオからは『玉置宏の笑顔でこんにちは！』が流れている。ＣＭ明けのジングル「た・ま・おーき、ひろしのー、え・が・おーで、こんにちは、こんにちはー♪」と朗らかな女性の歌声。つとむちゃんもよく口ずさみながらオナラをしていた。

カンナがけをしているときは、なぜかいつも『テレフォン人生相談』が流れていた。大人が深刻な打ち明け話をしているさまを聴くのを内心ドキドキしながら、でも「ラジオなんて聴いてないよー」という態《てい》で、つとむちゃんのカンナがけを見つめていた。

回答者の加藤諦三というオジサンは難しい話をしていたが、子供心に「優しい人だなぁ」と親近感を抱いた。毎回シメに格言めいたことを言う。例えば「他人を憎むことに時間を使うなら、己を省みることに使いましょう」みたいな。そのたびにつとむちゃんはまるで小馬鹿にするように「ペッ」とオナラをする。私はちょっと腹立たしかった。

その日も女の人が涙声で己の不幸を吐露していたが、加藤さんはいつものように冷静だ。女の人は食い下がる。違う角度から諭す加藤さん。女性は「でも、でも……」しばしその応酬。

すると、つとむちゃんのカンナがけの手が止まった。20秒くらいボンヤリ夏空を眺めながら「『でも』じゃねぇよ……」と呟いた。だが再びカンナをかけ始めると、静寂をわざとぶち壊すように一際長く「ペッ〜〜〜っ」とオナラをした。いつもと違うつとむちゃんだった。一体どんな相談だったんだろう。まるで覚えていない。

私が落語家になって2年目の2002年、横浜にぎわい座という寄席ができ、館長に玉置宏さんが就任した。ある日、楽屋で玉置館長が某落語家に「師匠の『大工調べ』聴きたいですねぇ～」と話していた。

玉置さんと大工。とたんにつとむちゃんの真っ黒の笑顔と、極薄のカンナっ屑がしゅるしゅると頭を横切った。婆さんは「こいつは屁とカンナがけだけは上手い」とたまに褒めていたっけ。

玉置さんにつとむちゃんの話を……するわけはなく、私は黙って「お茶でございます」と湯飲みを差し出した。「ありがとう！」と返す玉置さんの声はラジオのまんまで、不思議な感じがして屁が出そうだった。

（2015年10月号）

1

玉置宏の笑顔でこんにちは！

1978年4月～1996年3月　ニッポン放送　月曜日～金曜日9時～12時

玉置宏は1978年4月から1996年3月までニッポン放送の午前帯のワイド番組『玉置宏の笑顔でこんにちは！』を担当。TBS『ロッテ歌のアルバム』やテレビ朝日『象印スターものまね大合戦』など、テレビの演芸番組司会者というイメージだったが、この番組でラジオパーソナリティとして、特に専業主婦など「奥さま」に絶大な支持を得た。話芸で勝負するスタイルだけに、数年で入れ替わる女性アナウンサーとのコンビは、アシスタントをリードするというにふさわしい。内包されるコーナーは全国にネットされた、別パーソナリティの「人生相談」が不動の人気で、驚異的な聴取率を稼ぐ地方が続出。また玉置さんの紹介による「あおぞらリビング」というラジオショッピングは、高額毛皮からお買い得の食品まで売りさばき、ラジオ通販ブームのさきがけとなった。

第2回

「こうば」で聞いたラジオスター圓蔵師匠

私が幼い頃、どうやら我が家は貧乏だったらしい。母は昼はパート、夜は内職をしていた。パート先は自宅から4軒先のおもちゃ工場だ。「こうじょう」でなく「こうば」。私は保育園から帰るとすぐさま母に会いに工場へ行く。「ただいま!」とガラス戸を開けると、パートのおばちゃん連中がルービックキューブのはめ込み作業をしながら、一斉に「おかえり!」。

しばし、ぼんやりベルトコンベアを眺めていると休憩時間に。チョコパイやら不二家ネクターやらをもらって、おばちゃんのお喋りに耳を傾ける。その後ろにはおばちゃんの数倍お喋りなパーソナリティが毎日速射砲のように喋り続けていた。「よいしょっとっ! ハッピーカムカムっ!!」。この甲高い声が私の初めて聞いた『落語家の声』だった……と思う。

十数年後、私は落語家になっていた。「前座ーっ‼　景気はどーなんだよっ⁉　ヒヒヒっ！（笑）」橘家圓蔵師匠は楽屋入りするとすぐに引っ掻き回すように、我々前座をいじり始める。

「よくないです！」「まあまあです！」どっちでも「バカヤローっ‼　カカカっ！（笑）これで人数分の弁当買って来いっ！　俺の分もなっ！　角の安い弁当屋で250円の一番安いやつっ！」と5000円札を年かさの前座に渡す。

圓蔵師匠が楽屋にいると嵐が来たようだ。「これ、洗っといてくれ！」とトレードマークの黒ぶち眼鏡を渡された。先輩前座が流し場の食器用洗剤で洗い始める。『ママレモン』が一番きれいになる‼」と師匠は言う。「メガネクリンビュー」のCMに出ていたタレントとは思えない発言。でも、後日『はなまるマーケット』で岡江久美子も同じことを言っていた。さすが圓蔵師匠。

師匠がトリをとると、スポンサーから楽屋に「エバラ焼肉のたれ」が大量に差し入れされる。「前座どもも一本ずつ持ってけー！」ありがたく頂戴する。「明日俺に会ったら『昨日は焼肉ごちそうさまでした‼』って礼を言うんだぞ‼　カカカっ！（笑）」金がないときは家で白米にかけて食べた。

楽屋へ師匠に面会希望の人が来た。「師匠にお客様です」「だーれ？」「○○と名乗ってます」「知らない!! 何者だ!?」私は思わず、なんの根拠もなく「お仕事の依頼じゃないですかねー……」と言ってしまった。「お前、絶対だな!! おい!! 間違いないなっ!? 違ってたらどーすんだよっ!! おいおいおいっっ!!」師匠はいつになく真顔。「違ってたら、お前の師匠に頼んでお前をクビにしてもらうからな!!」

私は震えた。しばらくして、師匠が満面の笑みで戻ってきた。「お前はエライねー!! 仕事だった!!」まじか！ ……ホッとして「何よりです！ 師匠っ！」と言うと、圓蔵師匠は声を荒らげて「バーカヤローっ!! 養老院（老人ホーム）で1席2万で落語やってくれだとよーっ!! 誰だと思ってんだっ!! ふざけやがってっ!! 塩撒いてこーいっ!!（怒）」私は生まれて初めて玄関からおもてに塩を撒いた。

「お前いつ噺家辞めんだ？」後輩にしょっちゅう聞いていた。「辞めませんよ！」と返すと「バカだねー、大変だぞー、早く辞めればいいのに（笑）」と言う。あるとき、某前座が本当に辞めてしまった。師匠は「あいつ、辞めちゃったのか……俺が辞めろっつったからかな……」と肩を落とした。もちろん師匠のせいではなく、他に理由があってのことだ。でも師匠は「お前たちは続けなきゃダメだよ……辞めんなよ……」と、ポツリと呟いた。

開口一番の高座を下りたら、早めに楽屋入りしていた師匠に「お前、落語やってて楽しい？」と聞かれた。「はい！」「あー……ならいーや！（笑）」師匠は袖で私の落語を聴いてた様子。「ならいーや」か。

二つ目に昇進してまた聞かれた。「お前、景気はどーなんだよっ⁉（笑）」「さっぱりです！」「ざまーみろ‼　ケケケっ‼（大笑）」その日は母のパート仲間だったおばちゃんたちが寄席に来てくれた。「圓蔵さん、変わんないワネーっ‼」ラジオスターにみな大喝采。おばちゃんたちと聴いてた「ラジオの圓蔵」と「楽屋の圓蔵師匠」は、まるで同じで、やっぱりちょっと違ってた。

師匠が亡くなって、もう3年。景気はそんなによくならないですが、まだまだ落語はやってて楽しいです、師匠。

（２０１８年12月号）

((2))

橘家圓蔵のハッピーカムカム

1974年4月～1987年4月　ニッポン放送　月曜日～金曜日　16時～17時

パーソナリティの橘家圓蔵は、月の家円鏡時代の1960年代から『談志・円鏡歌謡合戦』での立川談志との丁々発止のトークでラジオ・パーソナリティとして注目された。番組当初は研ナオコとのコンビだった。その後単独で番組を切り回し、主婦層を中心とした絶大な支持を受ける存在となる。聴取者参加型の番組で、番組冒頭は主婦グループが「圓蔵のハッピーカムカム今日も聞いてね！」ではじまるのがお約束。リスナーの主婦が番組内でかける歌謡曲の曲紹介を担当したり、世間話をするなどが恒例で、ほんわかとしたムードが漂うところが、同じ庶民的な存在とはいえ毒蝮三太夫とは対照的だった。選ばれたリスナーが好きな番号を選び、音楽の途中で抽選をするプレゼントコーナーの「ハッピーあみだくじ」は人気の企画だった。

第3回

小学2年生の私を「石にした」ユーミン

小2のときのはなし。

私はユーミンが恐かった。日本で一番有名な、あのユーミンだ。当時はすでに結婚されていて、松任谷由実。「マットーヤ」という耳慣れない響きがプエルトリコの助っ人外国人選手みたいで少し不思議だった。

10歳上の姉はユーミンのファンだ。いつも姉のWラジカセからはユーミンの歌声が流れていた。時折、機械音にも聞こえる乾いた声音が、幼い私には人知を超えた畏怖すべき音のように聞こえた。

部屋の奥の壁には御神像の如くポスターが貼ってある。これがマジで恐い。闇の中でオカッパ頭のユーミンが物憂げにこちらを睨んでいる。

姉の留守中に、本棚に並んだ『りぼん』や『別冊マーガレット』を拝借しに部屋に忍び込むと、ユーミンは無表情でこちらを見下ろしている。すべてを見透したつららのような鋭い目つきで「ブリザード、ブリザード」と私に無言で迫ってくるユーミン。

「キ・サ・マ・ハ・ダ・レ・ダー」とユーミン。

「こいつと目と目が合ったら、石にされる！」直感的に思った私は、ユーミンと目を合わさないように、竹のモノサシを杖代わりにして壁をつたい、座頭市さながらに忍び込む。

姉の部屋とテレビのある部屋は隣り合わせ。毎週『笑点』の時間になると、姉のラジオからユーミン様の声が襖越しに大音量で聞こえてくる。「こん平の挨拶が聞こえん!!」父が怒った。

「ユーミンだかムーミンだか知らんが、ラジオの音を下げなさい!!」

「うるさいなー！　オジイサンがつまんないこと言って座布団取り合うとこ見て、なにが面白いのよ!!」身も蓋もないことを叫ぶ姉。

毎週日曜夕方、我が家では、先代の圓楽師匠がガハハと笑い、ユーミンがボソボソと恋愛相談に答えるという、まさに『サウンド・アドベンチャー』が襖一枚隔てて繰り広げられていた。

私は「圓楽派」だ。その昔、「星の王子様」とよばれた圓楽師匠が「恋愛の教祖」ごときに負けるわけがない。

「邪魔者は消さねばならぬ……」子供は突拍子もないことをするもの。

私は姉のいない隙を見計らって、石にされないように部屋に忍び込み、御本尊たるユーミンのポスターを剥がし、クシャクシャに丸めて窓から捨てた。粛々と任務遂行。

帰宅した姉は、なぜか御本尊の不在に気づかない。一晩中降り続ける雨。

夜が明けて「ゴーゴン（この後、すべてユーミンの意）はどうなっただろう……」窓から見下ろすと、夏の日射しで紙の固まりが乾き始めていた。

「怒られる……絶対に……」急に姉が恐くなった私は、こっそりクシャクシャのゴーゴンのポスターを回収し、新聞紙の上に広げた。皺だらけで、泥の付着したゴーゴン。

姉のドライヤーで乾かし始める。ドライヤーの轟音とともに、ゆっくりとゴーゴンが乾いていく。

するとゴーゴンはすっかり白髪に変わってしまった。片目はふさがり、肌はボロボロに。物憂げな表情だったはずなのに、世を恨むかのような嘲笑を浮かべているように見える……。

「恐ろしいものを作り上げてしまった……！」正真正銘のモンスターの誕生だ。私はとりあえず、モンスターを壁に戻しておいた。

帰宅した姉が「あー‼　ユーミンがーっ‼」しらばっくれる間もなく、「お前かーっ！」とひっぱたかれた私。父からも「お前が悪い」と突き放された。なぜだ？　圓楽連合ではなかったのか⁉

何年か後、中学生になり『サウンド・アドベンチャー』を聴くようになったが、なんか心がゾワゾワした。土曜深夜のユーミンの『オールナイトニッポン』は平気なのに、日曜夕方のゴーゴンは相性が悪い。軽いＰＴＳＤか？

昨年、松任谷正隆氏のラジオにゲスト出演した際、「一之輔さんのトラウマはなんですか？」と正隆氏に聞かれた。つい「実は、奥様が……」と喉元まで出そうになったが、咄嗟に「そうですねぇ……映画『のび太の魔界大冒険』のドラえもんとのび太が石にされるシーンですかね……」と答えてしまった。アシスタントの中井美穂さんの笑顔が優しかった。

（2016年7月号）

3

松任谷由実のサウンド・アドベンチャー

1985年10月〜2002年3月　TOKYO FM　日曜日　17時〜17時55分

1982年から現在までほぼ40年間TOKYO FMでのレギュラー番組を続けている松任谷由実の、日曜日夕方という「サザエさん症候群」の序章でもある時間帯で放送された代表的な番組。JFN系列をネットする全国放送で（FMぐんま以外）、圧倒的なCDセールスを誇り年末のレコード店の店頭を賑わせるユーミンが、本音を語るという番組内容は、特に若い女性に圧倒的な支持を受け、「恋愛の教祖」の称号をほしいままにした。番組内でかかる楽曲は本人のものを含めたバブル期ならではのお洒落なサウンドだが、それと対照的なリスナーからの恋愛相談に対して真摯に答えるトークは、低いトーンの声から絞り出すような鬼気迫るテイスト。誰にも真似できない説得力は、息の長いパーソナリティとして、番組の形が変わっても劣えない人気の源だ。

((第 4 回))

欲しかった野球盤と切なげなトランペット

小学2年生のクリスマスのはなし。

「大きなくつ下をつるしました。サンタさんからやきゃうばん、もらえるといいな」。この年の冬休みの絵日記、記憶はちょっと曖昧だけど12月24日はこんな内容だ。12月25日は涙で滲んでいるだろうけど。

私はエポック社の野球盤に2年越しの恋心を抱いていた。去年はもらえなかった。父は「朝晩お風呂で欲しいモノを心の中で唱えれば、サンタさんに想いはとどく」と言っていたのに。

その年、靴下にはミニカーが2つ。片方しか置かなかったのに、もう片方もなぜか現れて一足の靴下に左右に一つずつのミニカー。消防車と救急車。

2年生になり「お風呂で唱えるだけではいけないのでは？」と考えた。「これはガワの問題なのでは……？」と。

昨年はサンタが野球盤を用意していたにも拘わらず、靴下に収まりきらず仕方なくちょうどいいサイズのミニカーを入れたのではないか。それを申し訳なく感じたサンタが、わざわざタンスからもう片方の靴下を探しだして「ほんの気持ち」としてもう一つ追加したのでは……。

二の轍は踏むまいと、数日前から準備を開始。「お母さん！　絶対に野球盤が欲しいから、大きい靴下を自分で作るよ！　作り方、教えてっ！」

母は笑顔で「まだお前には難しいから一緒にやってあげる」と使い古しのバスタオル二枚と針箱を貸してくれた。

糸を針に通すのは楽しい。「お母さんより早く通せるよ！」と、自慢気に何度も通したり抜いたり。裁ちばさみでバスタオルを野球盤が入るくらいの大きな靴下型に切り抜いた。母の力を借り二枚重ねて、一生懸命縫いあげる。「今年も募金しなくちゃね……」母が呟く。ラジオからは「24日は毎年恒例『ラジオ・チャリティ・ミュージックソン』！」と欽ちゃんの声。〝パ〜パ〜パパパ〜〟というトランペットの音。ニニ・ロッソという人が吹いてるらしい。「寂しい夕暮れ時みたいな音だな……」と思った。

母に紐を付けてもらい、ハンドメイドの特大靴下を何日も前からベッドに吊す。24日、クリスマスイブ。明日には靴下に野球盤が入っているさまを想像し胸が高鳴る。

またトランペットが流れる。欽ちゃんはラジオでも募金活動に忙しい。切なげなトランペットが耳に残る。

仕事から帰宅した父が「野球盤、もらえるといいな！」と言った。「あれだけ大きな靴下なら野球盤入るよね⁉」「ああ、大きさは大丈夫さ！」

晩ご飯を食べ、風呂に入り、床に就く。「欽ちゃんの募金はいくらになってるかな。今日は欽ちゃんは徹夜だから、サンタに会えるかもしれないなぁ」夢のなかへ。夢では欽ちゃんと野球盤で遊びまくった。

翌朝、靴下には学研の動物図鑑。

ニニ・ロッソのトランペットが流れるなか、私は一日中、泣いて、泣いて、泣いて……工藤静香なら気がついたろうけど、私にはわからなかった。いまだにわからない。

親は何を考えていたのだろうか？

靴下をセッティングしてから、ずいぶん間があったはずである。私が野球盤を欲しいのは知ってるのだ、サンタさん達は‼

「世の中、思い通りにはならない」ということを我が子に教えたかった？　動物図鑑を買

ってしまっていたから強行した？　健忘症？　私は実の子ではない⁉

そういえば、「お前は裏通りのドブに落ちてたのを拾ってきたんだ」と言われた覚えがある。残念ながら、現在の私は父と同じように禿げてきて、同じ遺伝子の存在をビンビン感じているが。

わからない、わからない。いまだに聞けずにいるのだ。

先日、その話を妻にすると「……お義父さんもお義母さんも、サンタクロース信じてたんじゃない？」とビックリ仰天の性善説を繰り広げた。いっそのこと、そうであって欲しい。

そんな父が「今のうちに墓を建てたい、ついては資金を……」と言ってきた。墓に入る前に、あの時の理由を聞くべきか、墓と引き換えに野球盤をもらうべきか……。

ニニ・ロッソなら何て言うだろう？　またクリスマスと『ミュージックソン』がやってくる。


（2016年12月号）

((4))

ラジオ・チャリティ・ミュージックソン

1975年12月〜現在　ニッポン放送ほか　毎年12月24日正午〜25日正午

海外アーティストのコンサート事業でニッポン放送と事業提携をしていた「キョードー東京」の故内野二朗社長から、「音楽を通じて社会貢献をしよう」という運動の「ミュージックソン」（ミュージックマラソン）をラジオ番組と合体させたい、と申し入れがあり実現。

街頭や電話受付などで「目の不自由な方へ音の出る信号機を！」をテーマに、視覚障害者への募金を呼びかける。日本テレビの『24時間テレビ』の3年前から全国ネットでスタート。スタート当初は萩本欽一が、そしてそれ以降も人気タレントがメインMCとして一昼夜の生放送を担当する。ラジオのクリスマスイブを彩るテーマ曲はイタリアのトランペッター、ニニ・ロッソの『夢のトランペット（Capriccio Romantico）』。

((第 5 回))

いとこのお兄ちゃんと謎の『アメ』

小学6年の頃のどうでもいいはなし。

ある日曜日、親戚の家に遊びに行った。5歳上のいとこのお兄ちゃんといつものようにファミコン。

『ハイパーオリンピック』はお兄ちゃんにはかなわない。鉄製の定規の弾力を使って新記録が続出。おもいっきりドーピング行為だ。『おばけのQ太郎 ワンワンパニック』は私の方が上手い。Qちゃんが「ワンワン砲」を放つときに手に伝わる感触が心地いい。『バンゲリングベイ』は何が面白いのかまるでわからない。お兄ちゃんは「ホントつまらんなー(笑)」と嬉しそうにヘリを操縦している。「なんか、大人だなぁ……」と思ったものだ。

1時間で叔母さんから「やめなー」とストップがかかり、居間でゴロゴロしていると畳の上の本に目が留まった。『モアイの涙』。表紙には泣いているモアイの絵……が描いてあったか。

「なにこれ?」「ラジオの本だよ」お兄ちゃんが好んで聴いているラジオ番組のネタ本だった。「『斉藤洋美のラジオはアメリカン』……知らん?」「知らん」「面白いから聴いてみな、日曜にやってる。TBSラジオだよ」「どくまむしの?」「そう。まむちゃん、よく知ってるな」「お母さんが内職で『スネークキューブ』作ってる横で流れてるから……」

17歳と12歳の会話にしては渋い。本をパラパラとしてみたが、ラジオを聴いてないので面白さがよくわからない。

「今度聴いてみるー」と言って、いとこの家をあとにする。帰宅。ボンヤリと『笑点』を観る。演芸コーナーはケーシー高峰、グラッチェ。「そうか、今日は日曜じゃないか。『モアイ』のラジオやってるかも」

番組名を間違えて覚えていた私は、ラジオ欄を探してみた。TBSラジオに『モアイ』という番組はなかった。

お兄ちゃんに電話してみた。「『斉藤洋美のラジオはアメリカン』だよ!」

再び探してみた。『斉藤洋美』という単語はどこにもない。ただ『アメ』という謎の二文字が下のほうにある。

「これか？　『斉藤洋美のラジオはアメリカン』が『アメ』!?」

時刻の表示も24時以降が一くくりでよくわからない。とにかく遅い時間から始まるようだ。「当てずっぽうで聴いてみるか」

「もう寝なよー」という母親の声を無視しながら居間でラジオを流し続ける。今となれば、どんな番組をやってたのか全く記憶にないが「まむちゃん」的なソレではなく、なんだか若い女の人が浮かれ加減の高っ調子で喋っている。テンポも速く、流行りの音楽もかかる。「若い人が聴くラジオだ……」私は12歳にして初めて若者向けの深夜ラジオを聴いた。

しかしお目当ての『アメ』は始まらない。「あ、全日が始まってしまう！」いつも楽しみに観ていた『全日本プロレス中継』が始まる日曜24時30分になってしまった。

「仕方ない。同時進行だ」私はテレビをつけた。「なにやってんの！　いい加減寝なさいッ！」母親の怒鳴り声。極力テレビのボリュームを下げて、目はテレビ、耳はラジオ。20分経過した頃、昼間の疲れも手伝ってウトウトし始めた。ハッと気づくとテレビではジャンボ鶴田が「オーッ！」と拳を上げ、ラジオでは斉藤洋美とおぼしき女性が「また来週ーっ！」。どうやら『アメ』は日曜25時からの30分番組らしい。聴けなかった。

次の週から『全日』と『アメ』のつば競り合いが繰り広げられた。が、小6にはいかんせん時間が遅過ぎる。毎回、全日中継の間に寝てしまう。気づくと、鶴田が「オー」。斉藤が「また来週ー」。その繰り返し。

そんなこんなでちゃんと聴けないうちに『アメ』熱が冷めて『ラジオはアメリカン』は『ジャンボのジャンピングニー』なイメージになってしまった。

後日、書店で『ラジオパラダイス』という雑誌を立ち読みしてみると、件の斉藤洋美さんの写真が掲載されていた。予約タイマーもないし、聴きたくても聴けない遠い存在。なるほど、鼻筋がちょっとモアイっぽい。今、可能なら聴いてみたい『斉藤洋美のラジオはアメリカン』。ジャンボの膝はもう見られない。『バンゲリングベイ』はブックオフでたまに見かける。小6の頃の遠い思い出。

（2017年4月号）

5

斉藤洋美のラジオはアメリカン

1981年4月〜1996年6月　TBSラジオ　毎週日曜日深夜1時〜1時30分

雑誌『ポパイ』のブームなどで、西海岸の情報が若者に受けていた時代に番組はスタート。内容は「コーヒーのアメリカンのように薄い」というリスナーからの投稿による、井戸端会議のような番組。新聞のラジオ欄では省略されて暗号のような「アメ」と表記されることもあった。初代パーソナリティは大橋照子で斉藤洋美は2代目だが、いずれももともとラジオたんぱ（現ラジオＭＩＫＥＩ）のパーソナリティで、ラジオ情報誌の人気ランキングで上位だった。ギャグやパロディ、自作楽曲の演奏など、リスナーが録音して送ってくるカセット・テープを紹介する「おもしろカセット」のコーナーが人気を博した。全国で行われたイベントなどに参加する活発なリスナーが多く、いまだ全国のファンに語られることが多い伝説の番組。

中学生の頃

第6回

中学生になった私と土曜の夜のヒロイン

1990年の春のはなし。

私は中学生になった。2つの小学校から生徒が集まる、ごく普通の公立中学だ。初めて学ランを着る。大きめの制服のはずなのに、襟のホックを締めると首が苦しい。プラスチック製の「カラー」なるモノを襟に付けないと校則違反だという。なんて窮屈なんだ。同じカバン、同じ靴、同じ学帽。どうやら、中学校というところはみーんな同じでいなきゃいけないらしい。日曜日が待ち遠しい。

休みの日は自転車を飛ばしてジャスコへ向かう。今はイオンになってしまったが、その頃はジャスコ。まだ出来たばかりでドライブインシアターやパターゴルフもあった。我が街の自慢はジャスコにある「北関東一高い観覧車」。なんでもうちょい頑張って「関東一」

にしなかったんだろう？　高い建物が他に何もないので、観覧車だけが悪目立ちしている。乗客もだんだん減ってきた。だって観覧車からは筑波山ぐらいしか見えないんだもの。

商店街のレコード店は開店休業状態だったので、ジャスコの新星堂に通った。目的もなくただCDジャケットの背表紙を端から眺めるだけだが、「音楽にお金を使う（使おうとしているカッコをする）」自分が、ちょっとだけ大人になった気がする。ジャケ買いなんて出来ないが、暇な日は一枚一枚手に取って見入る。

ん……川村かおり『神様が降りてくる夜』。これは『やまだかつてないテレビ』で流れている曲だな。ジャケットの顔だちは明らかに西洋人のそれ。ショートカットを逆立てたヘアスタイル。白いTシャツにグレーのGジャン。身の回りに絶対いないタイプの人だ。あの曲はこんな人が歌ってたの？「やまかつ」は姉が観てるから仕方なく付き合いで観てたが……そうか……この人が川村かおりか……。次の日曜に小遣いで買ってしまった。これが私が初めて買った女性ミュージシャンのCDだ（ちなみに男性ミュージシャンだとたまの『さよなら人類』。ともに1990年発売）。

部屋で『神様が降りてくる夜』のジャケットの川村かおりの表情をまじまじと見ると、笑顔とは言えないし、寂し気でもなく、戸惑いながら愛想笑いしてるようにも見える。でも曲はポップ。「ヘイっ！　カミサマっ！」この曲にこのジャケットの顔は不思議なバランスだなあ。

何気なく見た夕刊のラジオ欄に『川村かおりのオール』とあった。夕刊は字数が少ないから「オール＝オールナイトニッポン」。「オール」はバランス悪いな。土曜の27時。中1にはなかなかしんどい時間帯だが、次の日は休みだし……。でも初めて聴けたのは、あれは夏ごろだったか。

第一声が「やあやあやあっ！　川村かおりですっ‼」えー。こんなテンション高いのかー、と意外に思いながら聴いていた。少しハスキーで鼻にかかった声。ついていけないところもありつつ番組はすすむ。30分くらいでウトウトしたら、急に「寝てんじゃねーぞーっっ‼」という声に起こされた。すいません。

番組には「ゴルバチョフへの手紙」というコーナーがあった。川村かおりはロシア人のミックス。そんな由縁があってか、当時ソ連の書記長だったゴルバチョフをゲストに呼ぼう！　という無謀なコーナーだ。結果、川村かおりはゴルバチョフに会えた。ソ連から中継をしたり、リスナーからの手紙を送って間接的にリアクションがあったり、徐々にゴルバチョフに近づいていって、とうとう来日の際の首相晩餐会に川村かおりが招待されるという結末。深夜ラジオの企画からそんなことが起こるんだな。

学校では柄にもなくバスケ部に入った私。日曜日は寝不足のまま練習のために学校へ行く。窮屈な学ランは着ないが、やっぱりお揃いのダサいジャージだ。体育館の周りをグルグルと走らされながら、さっきまで聴いていた「やあやあやあ、川村かおりです！」が頭に残っている。

周りには聴いてる友達はいなかった。いや、いたかもしれないが、無理に同志を探したりしない。自分だけの「土曜の夜」だ。同じカッコしていても自分だけ違う世界を知っている。なにしろオレの「仲間」はこないだゴルバチョフに会ったんだ。

深夜ラジオにドンドンはまったのはこの頃から。1年後、『川村かおりのオールナイトニッポン』が終了し、始まったのが『電気グルーヴのオールナイトニッポン』。聴き始めてひと月で私は「カラー」を外して学校へ行くようになった。成長期で首が痛えんだ。ふざけんな、学校。

今年で川村かおりさんが亡くなってちょうど10年。あ、その年に瀧さんが捕まったのか。あらー。2人とも、土曜の夜のヒロイン、ヒーロー。

（2019年11月号）

((6))

川村かおりのオールナイトニッポン

1989年4月〜1991年6月　ニッポン放送　毎週土曜深夜3時〜5時

モスクワ生まれで日本人の父とロシア人の母親を持つ、ロックミュージシャンの川村かおり（カオリ）が担当。「寝てんじゃねーぞー！」がキャッチフレーズの元気な番組。ベルリンの壁が崩壊し、東西冷戦が終結、ロシアのペレストロイカ、グラスノスチという改革と情報公開が進んだ時代に即した番組。ロシア語や旧ソビエト連邦について解説するコーナーなどが番組の特徴。改革の旗振りをしたソビエト共産党書記長、そして連邦大統領に向けた「ゴルバチョフへの手紙」というコーナーはそのメインともいえる。番組ゲストとしての出演はなかったが、ゴルバチョフ大統領の晩餐会には招かれた。また麻布台のソビエト大使館で、リスナーも交えたバレーボール大会やサッカー、バスケットなどのスポーツ交流イベントが行われた。

第7回

少年の私と日曜の午後のラジオ問題

幼い頃、日曜日は朝から「闇へのカウントダウン」だった。時が経つごとに気分がドンドン憂鬱になっていく。テレビ番組が終わるごとに大切な日曜日の残り時間がなくなっていくのだ。

「サザエさんシンドローム」どころか、『笑っていいとも！増刊号』のテレフォンショッキングダイジェストが木曜を過ぎた時点で陰陰滅滅としてくる。

カレーか焼そばの昼御飯を境目にテレビのチャンネル権は大人に移る。『ＮＨＫのど自慢』→『新婚さんいらっしゃい！』→『アタック25』を嬉々として観ている両親。それらの番組に興味のない、年頃の3人の姉たちは思い思いに午後を過ごす。私も姉の部屋に寝転んで、映画のパンフや『りぼん』などめくりながらぼんやりする。あぁ、日曜がドンドンなくなっていく……。

3人のうちのどの姉だったか忘れたが、「水島裕になったよ！」と教えてくれた。ラジオのスピーカーからは「トヨタ！　サンデースペシャルっ！　けってい！　ぜんにほんっ！かよーーせんばつっ!!」とどこかで聞いた覚えのある声が流れてきた。「これ、サモ・ハン・キンポーだね」「俊夫でもあるね（©魔法の天使クリィミーマミ）」と姉。「オタスケマン1号だね」「そうなの？」と姉。水島裕ワークのラリーはすぐ途絶えた。

姉が日曜午後に聴いている『決定！　全日本歌謡選抜』のパーソナリティが水島裕に代わったらしい。BGMとして日曜昼の姉の部屋で流れていたこの番組。仰々しいタイトルに拍車をかけるように、パーソナリティの後ろからは、わざとらしくオペレーターの作業する声・電話の着信音・何らかの機械の電子音が時おり聞こえてくる。得体の知れない巨大組織の下、毎週日曜に日本の歌謡界を左右する選抜会議が「四谷」で行われている……ようなビッグプロジェクトの臭いがする番組だった。

早い話が電リクカウントダウンなんだけど。カウントダウン番組って、どこか切ない。ランキングを発表していく作業は、当たり前だが刻一刻終わりが迫ってくるのが手に取るようにわかる。それに日曜だ。休日が終わろうとする寂寥感がカウントダウン形式によって増幅させられる。ベルトコンベアの上を逆走させられるような焦燥感。今週からは水島裕が、牛乳に砂糖を入れたような甘いボイスで追いかけてくるのか。番組選択権はラジオの所有者の姉にあるので、番組を変えたくてもダイヤルはそのまま……。

何年か経って姉が上京することになった。私は中1に上がる直前の春。「このラジカセ、あげる」と姉愛用のダブルのラジカセを譲り受けた。思えばこれが、私が初めて手に入れたラジオだ。「AM」「FM」と書かれたスイッチがある。小学生のあいだは自分でそのスイッチを切り換えたことがなかった。なんの気なしに「FM」にしてみると、透き通るような音が左右両方から聞こえる。

「これがステレオか……」ちょっと感動。ただどの局だったのか、洋楽ばかりでちんぷんかんぷん。「ダメだな、FMは……」しばらくAMのみを聴く。中学に入って部活が始まり、日曜昼はラジオから離れた。

2年生になり、とある日曜日。この日は暇で「あー、そういえば水島裕はどうしたかな？あら？　やってないや……」しばらくパチパチクルクルとスイッチやダイヤルをいじっていると、「ラブ・ステーション〜♪」というジングルが流れてきた。エフエム東京、80・0MHz。「エイティ・ポイント・ラブ」、小数点を「ポイント」、0を「ラブ」と読ませるらしい。今思えば、かなり小癪な感じだが、当時はメチャ新鮮。また『ラブ・ステーション』という響きはニキビ面の中2にはまぶしくて、まぶし過ぎて……。

「さとうちくぜん」という浪人者みたいな名前の人の『Catch the Pop』という、なんか大人っぽくて、なんかお洒落で、でもとっつきやすい番組をやっていた。しかも「さとうちくぜん」、元・柔道部で青森出身、親しみも大！

「うーん……『歌謡選抜』とは違う……。こんな日曜の午後があったのか…」

中2童貞は「ちくぜん」に導かれ思わず『ラブ・ステーション』の改札をくぐってしまったのだった……。つづく。


（2018年10月号）

((7))

決定！ 全日本歌謡選抜

1976年4月〜1990年10月　文化放送　毎週日曜日13時〜16時30分

電話によるリクエストを集計して、歌謡曲のその週のランキングを決定、カウントダウンしていく『ベストテン』方式の音楽番組。次々と曲がかかる合間にゲストとのトークや電話つなぎ、注目曲の紹介があった。番組開始から長年司会を務めた小川哲哉は、アイドル歌手の愛称や名前を呼び捨てにし、タメ口で語りかけるところが、いかにも芸能界の中心的存在というアピールにみえた。

水島裕に替わりその雰囲気はガラリと変わる。男性歌手と女性歌手を紅白に組み分けし、集計した上位50曲に、点数をカウントして、どちらが勝つかという企画も並行して行われ、電話をかけてくれた聴取者にプレゼントがあったりした。電話が鳴る音をバックにオペレーターがリクエストを受けるという演出の番組スタイルは、ＦＡＸやメールの登場で姿を消すことになる。

((第8回))

少年の私と日曜の午後のラジオ問題2

遅ればせながら中2にして、ラジオにはAMとFMがあることがわかった私。日曜午後はAMからFMへ。そう。AMもよいが、やっぱり部活もなにもない日曜の昼下がりは、スプライトにポッカ100レモンをたらして、アンニュイにFMだな。

しかも周波数は、80・0（エイティ・ポイント・ラブ）だ。小数点を「ポイント」、0を「ラブ」と読ませる。なんてアダルトなTOKYO FM。もっとも背伸びして81・3も試してみたが、こっちは英語と洋楽ばかり……俺の居場所はなかった。

さっそく地元のジャスコ・ノア店（東武野田線・野田市駅と愛宕駅の間にあるからノア！）の本屋で『FMステーション』なる、それらしい名前の雑誌を買い求め、読み込む。正直、アルファベットの番組名と細かい音楽情報ばかりでよくわからんが、とにかく読む。

まずはカタチから。

そうか……「ラブ」ではなく「ラヴ」⁉　下唇を噛むのだ！　そして「さとうちくぜん」は『佐藤竹善』⁉　なるほど、もう切符は手に入れたも同然だ。そしてTOKYO FMの日曜午後帯『ラヴ・ステーション』の改札口をくぐるようになった私。『ラヴ・ステーション』の大江千里もユーミンも、AMのそれとは違ってどこか「ラヴ」な装いだ。でもそれがいいじゃない。面白トークやリスナーからのハガキだけがラジオじゃないのだな。音楽と「ツアー中のぼんやりした思い出話」を楽しめるとは、俺もずいぶん大人になったものだ……と、スプライトにストローで息を吹き込みブクブクブク……。

とある日曜の午後。帰省中の姉が私の部屋の障子を開けた。「なに聴いてんの？」得意気に「ラヴ・ステーション！」と私。ラジオからはMCの藤原麻衣子の声で「日曜の恋人たちにお送りする『ラヴ・ステーション』……」

それを聴いて、姉が鼻先で笑った。「……この部屋のどこに恋人たちがいるんだよ⁉　しかもうちの最寄駅は鈍行単線の田舎駅だよ……（苦笑）」

私は急に恥ずかしさが込み上げてきて、たまらずラジオのスイッチを切った。「たまたまだよっ！　今日だけたまたま聴いてただけ！」『FMステーション』の番組表にマーキングしてるのを見られないように雑誌を閉じて、私はふて寝のふりを決め込んだ。

姉が出て行ったのを確認し、悔し紛れに姉のおさがりのファンシーケースを一発殴りつける。ビニールカバーに描いてある水森亜土のイラストに拳型の跡がついた。

早く本当の大人になりたかった。よく考えたら、私は独りで電車に乗ったことがない……。

翌週の日曜日。「柏の新星堂にSING LIKE TALKINGのアルバムを買いに行く」という使命を己に課し、生まれて初めて独りで電車に乗ることにした。千葉県柏市は野田市民には憧れの高等遊民が暮らすメガロポリス。東武野田線に独りで乗ったこともないくせに、藤原麻衣子が検札する『ラヴ・ステーション』をくぐれるものか。（一応、名誉のために言っておくが私の田舎はだいたいのことがジャスコで事足りたので、中学生が電車に乗って遠出する必要がなかった。独りで柏に行くなんて余程の不良）

券売機で切符を購入。柏行きのホームで電車を待つ。次の電車まで18分。親の携帯ラジオをとり出しダイヤルを合わせる。ノダ・ステーションで『ラヴ・ステーション』。あ……FMが入らない。というか、そもそもAMしか聴けないラジオだった……。

仕方ないので一番電波が入るNHK第一の『上方演芸会』の再放送を聴きながら柏へ向かう。大人への一歩を踏み出すときに、BGMがWヤングなのも一興だ。無事、柏着。新星堂を目指すが道に迷う。気づいたら、路地で高校生らしい3人組に囲まれていた。

3分後、路地裏でジャンプしている私。なんやかんやありつつ、帰りの電車賃だけは何とか勘弁してもらった。

CDも買えず、失意のまま野田に戻り、駅のそばの食堂で炒飯を食べる夕暮れ時。いざというときのために1000円札1枚を財布のサイドポケットに隠しておいてよかった。店のラジオからはTBSのプロ野球中継『エキサイトベースボール』。傷ついた少年に炒飯とAMは優しかった。

（2018年11月号）

((8))

ラヴ・ステーション

1991年10月〜2002年9月　TOKYO FM　毎週日曜日　10時〜18時

首都圏では80年代後半にFMラジオ局が続々と開局。「ゾーニング」という同じようなテイストを持った選曲やパーソナリティが続く時間帯が、編成の主流となった。日曜午後のJ-waveは洋楽中心のカウントダウン番組で、東京周辺のその他の局では生ワイド番組が中心。ここでTOKYO FMが独自の路線で名付けたのが「ラヴ・ステーション」である。全国区でネットでも放送される「ニューミュージック」畑のアーティストによる複数の録音番組をまとめて放送。天気や交通情報など、リアルタイムのライヴ感も演出した。休日を過ごすカップルをターゲットにして「TOKYO FM LOVE STATION STUDIO」でスタンバイするナビゲーターが短時間で繋ぐというスタイルだったが、新曲のプロモーションなどで箱番組のアーティストが出演することもあった。

第9回

K君のお兄ちゃんのカセットと始まったばかりの『夜ドカ』

私が中1のときのはなし。

地元に映画館が出来た。それまで映画館で映画を観るには、電車で30分かけて隣町に行かねばならなかったが、近所の新規開店のジャスコに映画館が入ることになったのだ。

初めて親に連れられて映画館で観た映画は『ゴジラ』。1984年版のハードボイルドなやつだ。6歳の私は怖くてほぼ目をつむっていたと思う。ホームレス役の武田鉄矢が混乱の最中、レストランに忍び込みご馳走を貪り食い、窓の外のゴジラに睨まれ「で、でけえ面するなー、田舎もんがーっ！」と怒鳴るシーンだけが頭に残った。

中1で同じクラスになったK君は映画好きだった。

「今度の日曜、ジャスコに『バック・トゥ・ザ・フューチャー3』見に行かない？」。私は

K君の誘いにちょっと戸惑った。

戸惑いの理由。

その1「子供だけで映画館に行ってよいものか?」。比較的よい子で奥手だった私には親や先生の目が気になった。しかしこんなことで日和ってはせっかく誘ってくれた友に申し訳ない。

その2「映画館で映画を観るのが『ゴジラ』以来」。春日部の汚い映画館以来、正直映画館にあまりよい印象がない。また、暗闇に耐えられるか不安。しかしK君にビビリだとは思われたくない。

その3『バック・トゥ・ザ・フューチャー』なるものを観たことがない」。タイトルは聞いたことあるくらい。姉ちゃんに内容を聞いて予習しとけば問題ないか。

多少の不安はあったものの「了解! 日曜日ねー!」と約束をした。

当日、客席は子供だけのグループも大勢いて不安は杞憂だった。中1になっていた私には映画館の暗闇も問題なし。ただ姉の説明が「とりあえずタイムスリップする話」のみだったため、1も2も観てない私には映画の内容がまるで頭に入ってこない。

なにより不覚だったのは、出てくる人がみな英語を喋っていたことだ。『ゴールデン洋画劇場』で観る外国人はみんな日本語ペラペラなのに……。私は初めて観た日本語字幕についていけず、開始15分で深い眠りについてしまった。

「よく寝てたね……」。K君は呆れていた。「まるでわからなかった……」「字幕は慣れだよ。よかったらうちで1と2のレーザーディスク観る？」「えー⁉ 早く言ってくれよー」

翌週の日曜、K君宅にてレーザーディスクで『バック・トゥ・ザ～』を鑑賞。特に2が面白かった。

なんでも舞台は2015年だという。25年後は本当にあんな時代になってるんだろうか？

K君の机の上にはたくさんのカセットテープが置いてあった。「三宅裕司の『ヤンパラ』だよ。兄ちゃんが録音してたんだけど、こないだ終わっちゃったんだ。今、内海ゆたおって人が『夜ドカ』ってのやってるよ」

K君とラジオの話をするのは初めてだった。

「K君、ラジオ好きだったんだ？ 面白いよねー『夜ドカ』」「聴いてるの⁉ でも三宅裕司のあとは大変だよね。兄ちゃんはもう聴かないってさ。面白いのに……」とK君。「頑張ってもらいたいものだね」と偉そうな私。四方山の話をしながらケーキをご馳走になりその日は別れた。レアチーズケーキなるものを生まれて初めて食べたのもその日だ。

翌年の3月。『夜ドカ』が1年で終わり、後にはオールナイトニッポン金曜二部だった伊集院光の新番組が始まった。K君とは違うクラスになってしまったので、廊下ですれ違うと「『Oh!デカ』めちゃくちゃ面白いよなー!」なんて話をするだけの付き合いになってしまった。中2男子なんて移り気で薄情なもんだ。

あれから25年。デロリアンに乗って91年に戻り「大沢悠里さん、ラジオやめるってよ。伊集院さん、その後釜に座るってよ。お前、落語家になって笑組さんと寄席出てるってよ」と教えてやったら、中坊の私はどんな顔するだろうか。

ラジオの世界は移りゆくが、空を飛ぶ自動車はまだ出来ないままなのである。

(2016年3月号)

9

内海ゆたおの夜はドッカーン！

1990年4月〜1991年2月　ニッポン放送　月曜日〜木曜日22時〜25時

AMラジオの中高生向けヤングタイム全盛期に、『オールナイトニッポン』の前の時間帯にて放送していたワイド番組。前身の『ヤングパラダイス』は24時までの2時間だったが、3時間に拡大したことで内包する「箱番組」やコーナーも増えた。テレビネタやコードレスホン、FAXを題材にしたその時代ならではのエッジが効いた、制作サイドによる企画主導の番組だった。こうした場合、企画に乗ってパーソナリティが個性を発揮し、人気が出るのには時間がかかる。SNSなどでの炎上がない時代だったが、人気の三宅裕司からの変更に局への抗議電話がかなり存在したという。コンビではなくピンのパーソナリティとしての内海ゆたおへの期待は大きかったが、当初の目標だった1年間を全うすることなく、伊集院光へとこの時間帯のバトンが受け継がれることになる。

第10回

13歳になったばかりの私と古田新太の「パックリーナ」

私が中1の12月、あの『ビートたけしのオールナイトニッポン』が終了した。だが、それほどに感慨はなかった。

中学生になり深夜放送を聴くのが習慣になってから、ほどなく「伝説の番組」は終わってしまった。

『ビートたけしの幸せ丸十年』という番組本も買ったけど、歴史の教科書を読むような感じ。世代の違いで、熱い思い入れがなかったのが寂しい。

『ビートたけしのANN』に直撃出来なかった私は明らかに「たけし世代」ではない。

テレビや映画ではもちろん観ていたが、ラジオのたけしさんにガッツリ影響を受け、人生を変えられた先輩方の多さにただ羨ましさを感じる。

明くる年からANN・木曜一部は古田新太になった。誰だ、それ？　当時の田舎の中1が劇団☆新感線の古田新太を知ってるわけがない。

が、始まってそうそう友達のN君と「古田新太、超バカで超エロいな!!」と盛り上がった。「でもクラスや部活の奴らには内緒にしよう……」俺たちだけの宝物だ。それにしても、えらい宝物を見つけたな。

13歳になったばかりの私には『古田新太のANN』はエロ過ぎて、どぎつかった。でも突き抜けた泥臭い陽気なエロは、バカにも、中1にもわかりやすい。混じり気のない純度の高いバカスケベ。「聴くと必ずバカになる、世界一偏差値の低い番組」が売り文句だ。

木曜一部の女性器の隠語が「コーマン」から「パックリーナ」になった。

たけしさんが言う「コーマン」には東京の大人のにおいがする。いや、コーマンのにおいじゃなくて……業界用語のもつ、選ばれた人間が使う言語のイメージ。中学生が「コーマンがよー」なんて言ったら、相当背伸びしてる違和感がぷんぷん。

古田新太が連呼していた「パックリーナ」は東武線沿線のストリップの呼び込みが口にしてそうな、下卑た能天気さがある。幼稚と言えば幼稚だが、背伸びしたい中学生にはちょうどいい。

「パニック・イン・マイ・ルーム」はリスナーが「オナニーしてるところを他人（主に親

兄弟）に見つかったエピソード」を送る人気コーナー。

N君いわく「俺、まだオナニーしてるところを親に見つかったことないんだよな。お前ある？」「ないよ。つーか、まだよくわからない……」私の精通は明くる年の中2の夏だ。「え？　まだなの⁉　あのさ……」こと細かに自分のソロ活動（オナニーの隠語）について教えてくれるN君。しまいには「俺、早く親に見つかりてーなー。じゃないと、ハガキ書けないよなー！」

「作りネタ」という概念すらない純朴な中1が、ハガキを書きたいがために、「親に自慰行為を見てもらいたい」と願うさまは、いろんなものが入り組んでいて、今思えばゾワゾワする。

翌日、「親に見つかりやすいように、わざと親が起きてる時間にシコッたけど、緊張してチンチン立たなかった！」こいつの親にだけはなりたくないな、と思った。

宍戸留美の同名の曲がコーナーのテーマソングだった。だからどうしても「宍戸留美⁉古田新太のANN」のイメージ。後年、仕事で宍戸さんにお会いした時に「古田新太さんの……」と呑気にふってしまい、ちょっとまずかったかなと思ったら、あっけらかんと「あー、あのコーナーの‼　それ言ってくれる人、多いんですよっ‼（笑）」と嬉しそうだったので「やっぱり俺たちの『ルンルン』だぜ‼」と感激したものだ。

中2になり無事ソロ活動も覚え、中3の受験をひかえた秋に『古田新太のANN』は終わってしまった。神様とニッポン放送の編成の人が「しっかり勉強しろ！」と言ってたのだろう。

N君の「クイズ・私が正確です！」の録音ライブラリーには、どれほどお世話になったことか。この場を借りてお礼を申し上げたい。

来年、私の長男が中1になるのだが、我が子にはラジオで「エロ」に出会って欲しいと思う。動画が溢れる時代に、耳で聴いて熱いモノを感じるくらい豊かなことはない。

そうか。そろそろ長男の部屋を開けるときはノックをしたほうがいいのか。「親の苦労、子知らず」だな、Nよ。

（2017年8月号）

((10))

古田新太のオールナイトニッポン

1991年1月〜1992年10月　ニッポン放送　毎週木曜日深夜1時〜3時

長年の人気番組『ビートたけしのオールナイトニッポン』の後を引き継ぐ形でスタート。当時の小劇場ブームのさなか、関西で活動しながらも東京公演も好評だった「劇団☆新感線」の看板役者である古田新太が担当。「聴くと頭が悪くなる、世界で一番偏差値が低いラジオ番組」を標榜し、過激な下ネタとハードロック、プロレスネタが中心で、中でも看板コーナーは午前2時からはじまる「クイズ・私が正確です！」。セクシーな声の女性リスナーが解答者となって、古田が繰り出すプロフィールや性体験などのきわどい質問を、隠語を駆使して答えさせる。リバーブをかけて何かを舐める音や、淫語っぽい言葉を言わせたりと、深夜ならではのやりたい放題の番組だった。当時の2部は福山雅治で、こうしたテイストはその後の福山のラジオでも引き継がれた。

第11回

ナース井手と私の「キタ・セクスアリス」

よく「○○に間に合った世代」なんて言い方をする。○○には大概、一時代を築いた歴史に残るような著名人が入るが、1978年生まれの私は「ナース井手」に間に合った世代である。

ナース井手は80年代に一世を風靡した、と言ったらかなり言い過ぎ……な女性タレント。間に合ったけど、私はいまだに顔がわからない。画像検索すると「井手」という名札を付けた看護師のおばさんが出てくるが、多分違う人だ。まぁ、いい。私が間に合ったのはナース井手の「声」のほうなのだから。

中1のときのはなし。

放課後スケジュールは毎日、判で押したように決まっていた。

勢いで入ってしまったバスケ部の練習をチンタラとこなし、5時半には下校。帰宅後、夕飯が出来るまで勉強部屋でラジオのナイター中継を聴く。

姉のお下がりの角張ったダブルデッキのダイヤルをひねる、と同時に宿題のドリルのページをめくる。

当時、巨人ファンだった私。文化放送『ライオンズナイター』は聴いていても、熱が入らなくて「ながら聴き」するのにちょうどよかった。ラジオの野球中継はテンポが抜群なのでBGMにはピッタリなのだ。

10月、野球がシーズンオフになると『夜はキラキラ 寺チャンネル』という番組が始まった。

パーソナリティは局アナの寺ちゃんこと寺島尚正。パートナーは鼻にかかった甘くざらついた声で喋るナース井手という女性。

あっけらかんとして、ちょっとだらしない話し方にどこか色気を感じた。「む？　ナース井手、いいな」

番組は中学生が宿題をしながら聴くような内容ではなかった。商店街の八百屋のオヤジが店を閉めたあとに売り上げを勘定しながら聴くような。けっこう際どいトークが多かった。

グラビアアイドルだかAV女優だかが生放送中に別室でシャワーを浴びてる最中に、寺ちゃんとナースがインタビューをするというコーナーがあった。夜7時台である。寺ちゃんが「お尻を叩く音聴かせてー」と言えば「いやーん」といいながら自分のお尻をペンペン叩き、ナースが「おっぱいにシャワー当てて！」と言えば「ウフン」といいながら従順に応えるお色気姉さん達。

コーナーのテーマ曲が山下久美子の『バスルームから愛を込めて』。中学生にはちょっと刺激的な歌詞。「山下久美子、いいな」とも思った。男なんてシャボン玉。

こんな番組聴きながら、宿題が手につくはずがない。私の「キタ・セクスアリス」の始まりはこの番組だった。

性の目覚めの記憶は数珠つなぎになっていくもの。

それからというもの、私は「ナース」と言えば「井手」を連想し、「らっきょ」と言えば一つ飛び越して「ナース」を思い浮かべるようになった。「裸の井手らっきょ」を見るとなぜか「山下久美子」を連想し、『赤道小町ドキッ』を聴けばバックに「シャワーの音」が聴こえるような気がする毎日。

「学校でラジオ好きの友達にこの番組を教えてあげようかな……」

友人Aにナース井手について、寺ちゃんねるについて、シャワーのコーナーについて話すと、Aは「それ、ラジオ局の洗面所でやってんだよ。お尻のふりして手のひら叩いてるんだろ?」とのつれない返事。

『鶴光のオールナイト』の方がエロかったんだろ? 兄ちゃんがいつも聴いてたってさ、聴きたかったたなぁ」とまでのたまった。

ふざけるな、である。

自分が間に合わなかった鶴光を持ち出してまで、ナース井手を貶めるなんて。今を生きてない懐古主義者にラジオを語る資格なし‼

憤ってみたものの、それ以来Aのせいでお色気コーナーがくすんで聴こえるようになってしまった。お色気お姉さんがトイレで水を流しっぱなしにして、ひとりでマイクを近づけながら、二の腕をペチペチ叩いて「あはーん」と悶える様は哀し過ぎる。

こんな気持ちになるのなら早く春が来て、また『ライオンズナイター』が始まってくれ……と思い始めた中1の秋の夕ぐれ。春はまだ遠すぎた。


(2016年5月号)

((11))

夜はキラキラ　寺チャンネル

1989年10月〜1991年9月　文化放送　月曜日〜金曜日　18時〜20時

プロ野球のナイター・シーズン中（4月〜9月）は試合がない月曜日のみ放送していた番組。寺島尚正アナウンサーが進行役で、ナース井手はフジテレビの深夜番組『オールナイトフジ』に出演していたタレントで、准看護師の資格を持っていたことから、片岡鶴太郎が命名した。テンションが高く、歯に衣着せぬ鋭いトークがウリ。下ネタも医療の切り口でコメントできるということで、テレビタレントというよりラジオ・パーソナリティとして、その後も活躍した。しかし単独での喋りや、他のパーソナリティと組んではそのキレが鈍る、ということもあり、寺島尚正とのコンビがもっとも「ハマる」とされていた。「あいよっ！」という合いの手とともに、むしろナース井出が主導権を取るようなこともあり、夕方のお色気番組の金字塔ともいえる。

((第12回))

今が好きな私と谷村有美

radiko（ラジコ）というヤツは、ラジオ好きには危険過ぎる。有料のプレミアムを利用して、なおかつタイムフリーなら、日本中のラジオ番組がどこにいても好きな時間に聴けてしまう。

ラジコがあれば電波が入らなくて雑音まみれで聴きとれない、なんて苦労はもうしなくていいのだ。

私の10代の頃にラジコがなくて、本当に良かった。あんなものがあったら今頃、ラジオ廃人だ。

中1の頃のはなし。

「おいー。録れてないじゃんよー」あぁ、今日も母が『ラジオビバリー昼ズ』の録音に失敗した。

「11時25分に録音ボタンを押し、13時に停止ボタンを押してください。お願いいたします」と丁重なメモを渡したのに。どうやら間違って再生ボタンを押したらしい。空のテープが1時間35分のあいだ、文字通り空回りしていたのか……。次からメモの「録音ボタン」の前に「赤いポッチのついた」と書き加えておこう。

文句は言わない。内職の合間に息子のラジカセのボタンを押すなんてめんどくさいことを頼んでるのだ。グッとこらえる。今年に入って4回目だけれども……。我ながら出来た息子だな。

翌年、録音予約出来るコンポが我が家に来た。私のラジオライフに大革命。録音にお母さんいらず!!　120分テープを倍にして、録音してまで聴きたくもない『高嶋ひでたけのお早よう！中年探偵団』『玉置宏の笑顔でこんにちは！』と録りまくったが、すぐ無駄なことに気づいて3日でやめたのもいい思い出。

ちょうどその頃、谷村有美が好きだった。いや、今も好き。『今が好き』という曲があった。ホントいい曲。みんなに聴いて欲しい。

谷村有美はシンガーソングライターでありラジオスターだった。大阪のFM802で『FUNKY STUDIO 802 MUSIC GUMBO』という番組をやってたそうだ。関西のラジオ番組を千葉県野田市で聴くなんて……中2には「大阪へ引っ越す」くらいの知恵しか浮かばない。涙をのんでFM802は諦めた。

TBSラジオで『ポップン・ルージュ』、NHKFMで『FMリクエストアワー』、そしてFM横浜で『谷村有美の気ままにフィールミー』。

FM横浜は現・FMヨコハマ。米助からヨネスケ的な改名。谷村有美が番組をやってなければ合わせようともしなかった未知の周波数84・7だ。

ダイヤルを合わせても、私の部屋にはハマのお洒落電波は微塵も届かない。同じく滅多に聴かないbayFMはビンビン入るのに。むやみにイライラするな。千葉のくせに何がbayだよ！（八つ当たり）

ラジカセを抱えて家中行ったり来たりしても「ザーザー」言うだけ。「俺たち同じ関東だろうよっ！」苦しまぎれに庭に出た。やっぱり入らない。歩いてみた。あ、ちょっと入った！　立ち止まると、やっぱり「ザー！」。歩き続けると会話が聴きとれるくらいの電波が入る。

「やむをえんな」放送中、ラジカセを肩に庭をグルグル歩き回りながら聴き続ける。雑音8割。まるで頭に入って来ない。私は谷村有美というお釈迦様の手の平の上を右往左往する孫悟空のようだ。

「横浜に親戚いない？」親に聞く。さすがに「ラジオのため」とは言えなかったが、案の定おらず。長姉が前年結婚して松戸に嫁いでいた。「なんで横浜じゃないんだよ！　もう千葉はたくさんだよっ！」と独り言《ひとご》つ。完全に逆恨みだ。

この世界に入って15年目。ありがたいことに谷村さんとお話しする機会に恵まれた。「谷村さんのラジオは全部聴いてましたっ‼」……よく思われたいがためにFM802を、FM横浜を、聴いていたふりをした。大嘘つきだ。「ありがとうございますー」嘘なのに、大好きな谷村有美に礼を言わせてしまった。

あの頃、ラジコがあったなら……。聴きたくても聴けないラジオが昔はあった。聴けないがために想い焦がれるのも悪くはないが、あのときラジコがあったなら……。

やっぱりラジコがある『今が好き』。

（2018年1月号）

((12))

FUNKY STUDIO 802 MUSIC GUMBO

1989年6月〜1998年9月　FM802　谷村有美は毎週水曜日22時〜24時

大阪に2局目となる民放FM局としてスタートしたFM802は、TOKYO FMのネット番組を受けない独自のローカルステーションとして開局当初は「17歳の感性」をキャッチフレーズにスタート。DJとディレクターも交えてスタッフ全員が決める「局の事情が入らないパワープレー（推し楽曲）」をオンエアすることで、しゃべくり中心の大阪に新しい音楽文化を築いた看板番組。J-POPと呼ばれるアーティストの発掘にも積極的で、当時雑誌『PATi PATi』でも話題だった「ガールポップ」の筆頭でもある谷村有美は、開局から音楽活動引退まで、この番組で走り抜けた。首都圏ではFM横浜にて金曜日22時からの約2時間を担当する。帰国子女でもありアイドルっぽい見た目とはうらはらなストレートなトークのキレに人気があった。

第13回 変わり者のインテリおじさんと『JET STREAM』

中2のときのはなし。

学習塾に通っていた。予備校なんて規模のものでなく、町内のちょっと変わり者のインテリおじさんが自宅の離れで開いている個人経営の塾だ。1クラス9人。先生はおじさん独り。

休憩時間は先生が自分の趣味を生徒にひけらかすプレゼンタイム。

「今日は君たちにこんなものを見せてあげよう」と、レーザーディスクを再生すると、大柄な口ひげを生やした白人男性が森の中をぶつぶつ呟きながら散歩している。

私「誰ですか？　このチェックのシャツの外国人？」

先生「君たちは知らないのか？　C・W・ニコルを？」

デカい外国人は片言の日本語で環境破壊について愚痴りながら、道無き道を歩いている。潤んだ瞳で滝を眺めてる外国人とシンクロするように「地球がね……今、泣いているんですよ……」と先生が嘆いた。

先生「夜中にスコッチウイスキーをツーフィンガーのロックでやりながら見るんですよ」

私「この熊みたいな外国人を見て？」

先生「C・W・ニコルです！」

夜に熊みたいな外国人を見るなら、全日本プロレス中継の殺人医師ことスティーブ・ウィリアムスがいい……と思った。

「次はコレも」と、ワープロで『カーグラTV』と打ったシールの貼られたビデオテープを再生すると、メガネの紳士が馬鹿みたいに広い高速道路でスポーツカーを運転している。

先生「ここはドイツのアウトバーン。ヒトラーが造った唯一の良い遺産だねぇ……いつか走りたいねぇ……ちなみにこの人、ユーミンの旦那さん」

「ユーミン!?　へー、ユーミンの旦那さんてわりには普通の顔ーっ!!」と肩書きに興味津々でスポーツカーなど眼中にない女子一同。

「これもツーフィンガーだねぇ……」と先生はブラウン管に映るユーミンの旦那と一緒にうっとりした。

森を切り開いて造っただろう高速道路と「森を大切に……」と呟く熊みたいな外国人、どちらにもうっとり出来る先生の柔軟性は素晴らしい。リフレインが叫んでる。
翌週の休み時間にはカセットテープが再生された。
飛行機のエンジン音が「ゴーッ」。そして、低音のいい声の男性が詩的なことを話しているが、頭に画が浮かばない。パイロットと名乗った男の人が「……じぇっとすとりぃぃいぃむぅぅん」。生徒一同、ちょっとウケた。
先生「(うっとりしながら)『ジェットストリーム』、聴いたことない?」
私「ありません」
先生「今の中学生は深夜ラジオ聴かないの?」
私「聴いてます。『Oh!デカ』とか『オールナイト』とか……」
先生「大人になるとね、この良さがわかるんだよ……染みるんだよね、1日の締めくくりにさ。その日の幕が閉まる感じかなぁ……(うっとり)」
私「これ、ラジオの録音ですか? 音楽ばっかですね。歌詞もないし」
先生「イージーリスニングっていうんだよ。いいだろ? (まだうっとり)」
私「いい声ですね」
先生「わかるかい!? (うっとりしつつ嬉しそうに) 城達也!!」

私「カッコいい名前ですね。でも、原稿読んでるだけだ。フリートークとかハガキはないんですか？」

先生「(うっとりなのに切れ気味に) ないよっ、そんなもんっ！　君も早く大人になりなさい……ソファーでツーフィンガーやりながら聴くとたまらないよ……(最後はうっとり)」

その後はその録音テープを流しながらの授業になった。まるで邪魔にならないのが凄い。ただ教室が田舎街の純喫茶みたいな雰囲気になった。

私も39歳になった。先生の歳に近づいてきたのだが、いまいちあの価値観が理解できていない。懸案の『ジェットストリーム』だが、こないだ聴いてみたら城達也さんはずいぶん前にお亡くなりになり、紆余曲折を経て現在のパイロットは「広瀬香美の元旦那」になっていた。相も変わらずゲレンデが溶けるほどのイージーリスニング。私はスコッチではなくビールを2本飲んだ。「冬物語」を2本。

(2017年2月号)

((13))

JET STREAM

1967年7月（FM東海時代）～現在　TOKYO FM　月曜日～金曜日24時～24時55分

開局以来現在も続く、JFN系列全局が放送している長寿の看板音楽番組。ジェット機の音に続いてフランク・プゥルセル・グランド・オーケストラのテーマ曲にのって、「機長」である初代パーソナリティ城達也が「遠い地平線が消えて……」と語るオープニングの定番ナレーションは不朽。「イージーリスニング」が中心で、ラジオ番組の最高傑作として一時代を築いた。時代の変遷によってパーソナリティが変わり、選曲も見直されたが、JAL日本航空の提供で旅をテーマとした内容と、深夜零時でシフト・チェンジすることは変わらない。番組のタイトルを冠した音楽パッケージソフトやコンサートなども多く、日本においてFMラジオというハードを全国に普及させた象徴的なコンテンツといえるだろう。ちなみに2021年現在の「機長」は福山雅治。

第14回 N先生と『岡村孝子 Sunday Picnic』

中2の頃のはなし。

私の中学校は合唱が盛んだった。

女子の学級委員が先導するクラス対抗合唱コンクールに向けて、ホームルームの時間に練習をする毎日。

「次の課題曲は岡村孝子の『夢をあきらめないで』に決まったぞ‼」担任のN先生が発表した。N先生とクラスの意識の高い女子連が男子不在の中、密室で決めたらしい。

当然男子はブーイング。「Xの『紅』がいいって!」だの「ぜってーBOØWYの『マリオネット』っ!」、「『淋しい熱帯魚』にしろっ!」などと通るはずもない無責任な意見が飛びかったが、もちろん即座に却下された。

そもそも中学生の合唱というものは気持ちのいいメロディラインを女子が受け持ち、男子は「え？　こんな地味な音程を？」というような低いパートを、声変わりしたての「ゴエゴエ」声で唄わされる。心がまるで躍らず、合唱において男子は日陰者だ。「男たるもの合唱なんてやってられようか。ブスども、ふざけんな！」ってなもんである。

ワーワー言う男子の中、私は無言を決め込んだ。なぜかというと……岡村孝子が好きだったから（敬称略）。

アラサー女性の恋心を唄い、「ＯＬの教祖」という今考えるとちょっと物騒な異名を持つ岡村孝子。あまり14歳の少年が好んで聴く対象ではないかもしれない。しかし私は、派手ではないが落ち着いた品のある容姿と乾き加減の声にときめいた。なによりその頃気になっていた市立図書館の司書さんに似ていた。少年が司書のお姉さんに惹かれる感じ……ご理解頂けますか？

「『夢をあきらめないで』の練習を来週日曜の午後にします！　必ず参加してください！」

帰りの会で学級委員が告げた。

「なに！　『Sunday Picnic』と同時刻じゃないか！」

『Sunday Picnic』とは岡村孝子がパーソナリティのＦＭ番組だ。私の毎週日曜の午前から午後は『サンデーモーニング』→『笑っていいとも！増刊号』→『アッコにおまかせ！』

↓『Sunday Picnic』↓お昼寝、という流れ。関口タモリ和田岡村睡眠。靖幸でも隆史でもなく、日曜13時は孝子。

携帯ラジオのイヤホンを耳にねじ込み、学校へ向かう。昇降口で「何聴いてんの？」という友達の問いに「ラジオ」とだけ答える。岡村孝子、と言ったところでこいつらには「司書」の色気はわかるまい。いや、孝子は司書じゃないけど。

けして声を張らない圧倒的な熱のなさ。まるで「野菜中心の優しい味付けのお弁当を広げながら、司書の後輩女子と語らっているような」孝子の低血圧なトークを聴きながら、私は真綿に包まれるような心持ちで音楽室へ。

イヤホンを外し、合唱の練習。「女子が大勢で唄う『夢をあきらめないで』はいいなぁ……」うっとりしているうちに練習は終了した。

再びイヤホンをしてラジオのスイッチを入れると佐藤竹善が喋っている。

その時、背後から「何聴いてるんだ？」とN先生が尋ねてきた。「あ、ラジオです」と答えると「誰の？」「佐藤竹善」「あぁ、もう3時過ぎか。岡村孝子の、終わっちゃったか……」

え？　N先生も『Sunday Picnic』を聴いてたのか？　岡村孝子が好きなのか？　だから『夢をあきらめないで』を選んだのか？

……確かめはしなかったが……なんか、引いた。孝子を大人にとられたような気がした。N先生は孝子と同世代の30代前半。角刈りで体格のよいスポーツマンだ。負けた。完敗だ。何もあなたが聴かなくても、14歳のボクが聴いているのだ。日曜の昼下がりくらい2人きりにさせてくれてもいいじゃないか……。大人が割り込んでこないでくれよ……。

数年後、岡村孝子さんは近鉄から巨人に移籍したばかりの某選手と結婚した。その角刈りとガタイがN先生とだいぶかぶっていたが、私も19歳になってちょっとずつ夢をあきらめることを覚え始めた頃だ。

同じ時期、図書館の司書のお姉さんも街の老舗和菓子屋に嫁いだと噂を耳にした。その若旦那は色白でやせっぽちなのがちょっと救いだった。

（2015年11月号）

((14))

岡村孝子 Sunday Picnic

1991年4月～1993年3月　TOKYO FM　毎週日曜日13時～13時55分

元「あみん」のメンバーでシンガーソングライターの岡村孝子は、ふんわりしたイメージそのままのトークで、J-POP以前の「ニューミュージック」のパーソナリティとして、今もなお人気を博している。1990年前後はFMラジオ局が全国の都道府県で開局し、TOKYO FMを中心としたネットワークが確立された当時。彼女は『岡村孝子　Sunday Picnic』以前からも系列局でネット番組を持っていたものの、日曜日午後の全国リアルタイム放送という看板番組となり、一つの時代を築くことになった。東京ではJ-waveの登場で洋楽主体の「バイリンガルDJ」ブームが巻き起こるが、これに対抗する形で『ラヴ・ステーション』と銘打った、邦楽ベースで若い男女を主要リスナーとしてターゲットにしたゾーンを構築。その中でも象徴的な存在として活躍することになった。

第15回

サンタフェと『イルカのミュージックハーモニー』

中2のときのはなし。

1991年10月13日日曜日。その日の早朝、日本全国のお茶の間に雷が落ちた。朝刊をめくった全ての老若男女が言葉を失った。

若い女性のヌードが紙一面にデカデカと載っていて、その女性は人気絶頂のアイドル・宮沢りえだったのだから。

伝説の写真集『サンタフェ』の新聞広告、あの宮沢りえのおっぱいが三大紙の朝刊に載っていたのだ。

目にした者は「ぶっとびっ〜!!」と叫び、その美しい裸体に「おとなじゃーんっ!!」と称賛の声を上げた。

その頃の私の土曜の夜は『松任谷由実のＡＮＮ』から『電気グルーヴのＡＮＮ』。朝４時59分に流れる『君が代』を心地よい疲労感に浸りながら聴いてると、朝日が差してくる。日曜のはじまりだ。一週間のうち、家中で私だけが起きているこの朝は、根拠のない万能感がみなぎって何でも出来る気がした。

日曜は父より先に朝刊を読んでから寝るのが習慣だった。これから朝寝をしようと敷いた布団の上に、まっさらな新聞を広げて、テレビ欄からゆっくりと目を通していく。『コボちゃん』からの社会面。訃報欄、田舎は知り合いがよく死ぬ。郷土力士の星取り表も要確認。地方版の千葉北東部の記事。奥様向けの暮らし面。スポーツ面の日本シリーズの記事……めくっていくと……おっぱい面が現れた。

ん……おっぱいメンっ⁉　そんなのあったか⁉『大槻ケンヂのＡＮＮ』で生まれたコミックソング『オッパイマンの唄』よろしく、そこには平和な日常を柔らかながら物凄い圧力で押し潰し破壊する紙面・おっぱい面が‼

「なんじゃこりゃ⁉」驚くと松田優作でなくてもこの言葉を吐く。「なんなんなんじゃ、こりゃ⁉」驚きのあまり、なん×３。「宮沢りえ……か？」

「絶対に見られるはずもないアイドルの裸を目の当たりにする」という生まれて初めての経験に、私は身動きも出来ず、ただそれを凝視するのみ。

今ならツイッターのタイムラインをチェックするだろうが、そのときの私は「み、宮沢りえが……」と六畳一間で文字通り呟いていた。

エロを覚えたての私。その裸ですぐに血流が速くなるかと思いきや、意外にもちんちんはそのまま。

その頃の私は急に訪れる想定外のエロに免疫がなかったため、中2脳がそれをエロだと認識しなかったようだ。

私にとって宮沢りえの裸はエロじゃなかった。おっぱい面を目の前にして、ちんちんは変化なく時間だけが経過。

結論「この娘をどうにかせねばならん!!」。どんな使命感かわからないが、家族が起きてくる前になんとかしなくては。家族の目に晒してはならない。

新聞のおっぱい面を一枚抜き取り、丁寧に小さく畳み、机の引き出しの奥にしまう。まるで訳ありの家出娘を自室に匿っているような、クビナガリュウを押し入れで飼っているような、そんな心持ち。

時刻は7時を回り、ラジカセからは今月始まったばかりの『イルカのミュージックハーモニー』。「今、春が来て君は綺麗になった。去年よりずっと綺麗になった……」イルカもそう唄っていた。しばしのお別れだ、宮沢りえ。引き出しの中で大人しくしていておくれ。

一枚足りない朝刊を何事もなかったようにちゃぶ台の上に置いて布団に入る。

翌日、父が「オイ！　昨日の朝刊に宮沢りえの裸が出てたらしいな！　気づかなかったぞ！　持って来い！」

当たり前の結果だ。世間じゃ大ニュースなのだから。姉が「ないよー！　裸の広告だけないっ‼」

家族全員が私を一瞥し、だいたい状況は飲み込んだ……という沈黙。私は耐え切れず、部屋に戻り、折り畳んだおっぱい面の皺を真っ直ぐに伸ばし「……あ、これ、廊下に落ちてたよ」と差し出した。再び茶の間には「んなアホな……」という沈黙。

しわくちゃの顔でりえが私を恨めしそうに見上げる。ごめん、りえ。守ってあげられなくて……。この日以来、「宮沢りえ」「サンタフェ」と聞くと頭の中に『なごり雪』が流れるのだ。

「時が経てば幼いボクも、大人になると気づかないまま……」

これを書いている今日、39歳の誕生日を迎えた。


（2017年3月号）

15

イルカのミュージックハーモニー

1991年10月〜現在　ニッポン放送　日曜日7時〜8時30分

70年代に『オールナイトニッポン』の第二部で人気を博したフォーク・シンガーのイルカが、パーソナリティを務める音楽リクエスト番組。洋楽の名曲であるオーリアンズの『ダンス・ウィズ・ミー』によるオープニングテーマでスタートする。いくつになっても変わらない穏やかでかわいらしい声質のイルカが繰り広げるゲストとのトーク、朗読、ペットの話など、飾らない語り口が人気。

日曜日の朝にふさわしいポップスやフォークソング、ニューミュージックなどがメインのリクエストは、ハガキ、FAX、メールと時代の移り変わりによって手段が変わったとしても、まさにエバーグリーンの選曲といえるもの。開始当初は生放送だったが、イルカのコンサート活動の多忙などで、現在は基本的に録音番組となっている。

第16回

憧れのケンウッドと幻の真璃子のＡＮＮ

１９９１年。その年、私が世の中で一番カッコいいと思う言葉は「KENWOOD（ケンウッド）」だった。キレのある響き。カタカナにしてもスマートな字面。私はどうしてもケンウッドのミニコンポが欲しかった。

そもそも姉のお下がりのダブルラジカセじゃ予約録音が出来ない。たとえば、オールナイトニッポンは月〜土曜・一部二部のすべてを聴きたい。電気グルーヴが水曜二部の真璃子の悪口を言っても、『真璃子のＡＮＮ』を聴いていなきゃ笑えない。中2になった私のミッションは一刻も早くお小遣いを貯めて「カッコいいケンウッドのミニコンポ」を手に入れること。そして「面白くない（と言われている）真璃子のＡＮＮ」を予約録音することだ。

中2の夏休み。ようやくミニコンポ購入資金として4万5000円が貯まった。中2には莫大過ぎるお金を千葉銀行の封筒に入れて、地元から電車で1時間半の秋葉原を目指す。その頃の秋葉原は、今のようなアイドル・メイド・アニメ・オタク・外国人観光客で溢れる極彩色な賑わいにはほど遠い、純粋に電化製品・無線機器・部品類を求める消費者が集まるモノクロな街だった。

たった一人の東京。さぁ、どこでミニコンポを買うべきか。有名な家電量販店が軒を並べているが、とりあえず「二足歩行の豹の男女が歌い踊る、気味の悪いCM」でお馴染みのサ○ー無線に「素敵なサムシング」を求めて飛び込む。

結果として、ケンウッドのミニコンポを買うには私の軍資金では足りなかった。4万5000円ではカセットデッキしか買えない。スピーカーも無理。カセットを再生出来ても音が聴けない。ラジオの録音なぞ夢のまた夢……。

なぜ前もってトータルの価格をチェックしていかなかったのか……。当時愛読していた『CDでーた』や『FMステーション』にケンウッドの広告はバンバン出ていたはずなのに。幼な過ぎた私は、4万5000円ぐらいあれば世の中のたいていの物は手に入ると錯覚していた。

ガックリと肩を落としていると「パナソニックさんの『HALF(ハーフ)』なら大丈夫

ですよ」と店員が薦める。

カチン。まずメーカー名に「さん」を付けるのが気に入らない。媚びた大人の嫌な一面を垣間見た。それに夢にまで見たケンウッドをやすやすと諦めてパナソニックなぞに浮気が出来るか⁉「ＨＡＬＦ」？　喜びまで半減しそうだよ！　気休めはやめてくれ！

見知らぬ大人め。社会の歯車め……ちくしょう……。

しばらく俯いていた私だった。だが。……そう言えば「ＨＡＬＦ」って『夢で逢えたら』でＣＭしてる奴じゃなかったっけ？　あれ、なかなかカッコいい。あ、『ねるとん』の挿入歌とエンディングも真璃子が歌ってるし、まんざら縁がないわけじゃない。ケンウッドを買う金なんか、どうせ犯罪をしない限り貯まらない（大きな誤り）。「ＨＡＬＦ」……悪くないかも……。

「『ＨＡＬＦ』くださいっ‼」この瞬間、私は明らかに大人に一歩近づいた。

「かしこまりました！　ご配送になさいますか？」配送にすると、その料金で私が帰れない。ミニコンポと言えどかなりの重量。帰宅中は「ＨＡＬＦ」どころか、「double」か「three times」の重さだった。両手の平に食い込む「妥協のサムシング」。

帰宅後、すぐに配線をする。ついに私の部屋にミニコンポがやってきた！　ＣＤ・カセット・ラジオがいい音で聴ける！　ラジオのチューニングもダイヤルではない。デジタル!!　そんな万能マシンの初仕事は「真璃子のＡＮＮ」の予約録音だ。小さいと言うなかれ！

さっそく、次の木曜日に念願（？）の真璃子を聴く。感想は、「んー……悪くないかも……」。なんて「素敵なヒーリング」なんだろう。録音を昼間聴いたのに、聴いてるうちにうとうとしてしまった。「いつ寝てもいいんだよ」と耳元で囁かれているような子守唄感。中2には早すぎた『ラジオ深夜便』だ。私はまた大人に近づいてしまった。「これは生で聴くべきだな」と結局、翌週からは生で聴くようになった。

そんな思い出を振り返り、改めて真璃子のＡＮＮをググったら、当時真璃子はだいたいが録音だったようで、今私は狐につままれたような心境である。

（２０１８年７月号）

((*16*))

真璃子のオールナイトニッポン

1990年4月～1992年7月　ニッポン放送　水曜日深夜3時～5時

キャッチフレーズは「とびっきりの朝」ということで、深夜放送とはいえオープニングのあいさつは「こんばんは」ではなく「おはようございます」でスタート。リスナーからの「チーズ茶漬けが北海道で話題になっている」というような内容の一枚のハガキがきっかけとなってコーナーもできた。当時チーズ茶漬けの話題を発信していたSTVラジオの午前のワイド番組『中西章一の二人三脚』と、お互いの番組のことを話題にしたフリートークの音源を流したり、番組の会報を交換したりしながらの交流は先進的な試みだった。真璃子は86年にデビューし、レコ大新人賞受賞歴もある歌手。番組のキャッチフレーズの「とびっきりの朝」が示すとおり、若者向け深夜番組というより、落ち着いた雰囲気のお喋りと懐かしめの歌謡曲&洋楽が多くかかることで、中高年のリスナーも多かった。ちなみに同時間帯の前担当は伊集院光。

第17回

友人A君による「裕木奈江＝ぬらりひょん」説

15歳のときのはなし。

当時、女優の裕木奈江さんが世間からめちゃくちゃに叩かれていた。なにか悪いことをしたわけではない。ただ与えられた仕事をしてるだけなのに。

中学3年のとき、同級生女子が言った。「虫が好かない」「むかつく」「不愉快」「いい気になってる」「ずる賢そう」「でも頭悪そう」「ブス」……。「明らかにお前のほうがブスで頭悪いだろ？」という田舎の中学生から罵られる芸能人とはホントに「修羅の道」である。

反面、男性には人気があった。技術科の32歳独身・T先生はべた惚れだ。なぜか授業中に「やっぱり、彼女は……守ってあげたい……よな……」と不用意発言。余白の「……」に女子一同、嫌悪の悲鳴。休み時間にはT株は大暴落。

「なにが『彼女』だよ！　キモっ！」『やっぱり』って！　アホかっ！」「あの間《ま》がキショい！」「一生ハンダづけしてろっ！」

私が高校に進学しても裕木奈江へのバッシングは続いた。そしてドラマ『ポケベルが鳴らなくて』である。

あろうことか、彼女は緒方拳と不倫してしまった。いや、ドラマの中の話だけど。すでに『復讐するは我にあり』の榎津巌や『火宅の人』のダークサイドな緒方拳でなく、優しくて温かい理想の父・上司のイメージに変貌していた直人パパの緒方拳との不倫。

しかも当時、若者に流行りだしていた、でもオバサン達には未知のツール「ポケベル」を利用したニュータイプの不倫。ご婦人方は容認できまい。

さらに「不倫相手が自分の親友のお父さんだった！」という、娘世代にも嫌悪感をもよおさせる展開。「あたしが（親友役の）坂井真紀だったらゲボ吐く！　ホントにあんなことあったら絶対許せない！」と東武伊勢崎線の車内で、自然薯がルーズソックス穿いてるような女子高生がわめいていた。

高1の夏休み前に「なぜ裕木奈江は女子に嫌われるのか会議」を催すことになった。出席者は2人だけど。

友人A君が言った。「客をヒートアップさせてる時点で裕木の勝ち」新しい考え方だ。A

君は続けた。

「でも、過剰な嫌われ方には『裕木奈江のオールナイトニッポン』に答えがある！　川上（私の本名）、聴いたことあるか？」「最後まで聴いたためしがないな。声、張らないし。だいたい、1時15分には寝てしまうなー」

Aは言う。「無理してでも最後まで聴いてみろ」「面白い？」「いや、最後まであの調子」「やだよ。なんか……恐いんだよな〜」「……そこだ!!」Aが机を叩いた。

「女はお化けが嫌いだろ⁉　裕木奈江って、人間以前にお化け……幽霊……いや、妖怪のような底知れない怖さがあるんだよ」「裕木＝妖怪？」「あのトークを聴いてると、自分がどこに居るのかわからなくなってくるんだよ。延々、ネコの話やお煎餅の話……山なし、オチなし、声張らない。そんな囁きが2時間」「……恐いよ、寝ちゃいたい！」「だから、昔から早く寝ないとお化けがくる……って言われたろ？」「それが裕木？」「そう、そのうちそれが自然になってくる。囁きが平気になって来たらヤツの思うツボだ。傍らにいないと淋しいような……心のすきまに入り込んでくる妖怪。そうだ……裕木奈江は『ぬらりひょん』だ!!」……A君はバカだった。

「裕木＝ぬらりひょん⁉」私は話を合わせた。「そう！　だから潜在的にお化けや妖怪が嫌いな女どもは、すきまに入り込んでくる裕木奈江という妖怪を毛嫌いするのさ。家庭を、テリトリーを侵されたくないからな」

ほー。そういうものか。

その晩、無理して『裕木奈江のANN』を聴いてみた。なるほど、観覧車についてずーっと囁く裕木。方向性は違うがノムさん（野村克也）に近い。二人とも妖怪感、ハンパないな……。

その年の9月に『ポケベル』も『ANN』も終了、裕木奈江もなんとなくフェイドアウト。何年かしてハリウッド映画に出演していることを知った。

あの頃はわからなかったが38歳の今、動画で見る裕木奈江はビンビンに魅力的だ。私がオッサンになったのか…。でもポケベル買おうにも、もうどこにも売ってない……。なんとかして守ってあげたい……裕木奈江。

（2016年10月号）

((17))

裕木奈江のオールナイトニッポン

1992年10月〜1993年9月　ニッポン放送　水曜日25時〜27時

フジテレビ系で放送された『北の国から'92巣立ち』にて衝撃的な役柄を演じ、脚光を浴びたことで起用された女優の裕木奈江。さまざまな未体験のチャレンジをする「人生やったことないクエスト」や、女性リスナーと一緒に誰かに言うだけの彼氏をつくろうと、投稿からその「彼氏」のプロフィールやエピソードを更新しながら固めていく「噂の言うだけ彼氏」などのコーナーで人気を博した。その後週代わりで男性リスナーが生電話でその「彼氏」になりきって、裕木奈江と会話をするというコーナーに昇華して、ハラハラドキドキの深夜のひとときを演出した。「ぶりっ子」という女性に嫌われるイメージとはうらはらに、女性ファンのリスナーだけを集めたライヴを行うなど、世間のイメージとは違う本音をラジオでは明かしていたが、バッシングがやむまでには到らなかった。

第18回

友人Aと赤いオーデカンペンケース

この春からニッポン放送で『あなたとハッピー！』という帯番組の金曜日を担当している。青春時代にお世話になったラジオ局で、毎週お喋りをしている……奇跡である。そして『あなたとハッピー！』！　この午前中のAMラジオ特有の、絶妙にダサネーミングがよい。こうでなくちゃ！

この7月15日にニッポン放送は開局65周年をむかえたことを記念して、局内のイマジンスタジオをリスナーに開放して、過去番組の「ノベルティグッズ展示会」が開催されていた。ラジオのノベルティグッズをただ愛でるだけの空間。ラジオを聴く習慣がない人にとってはなんの「生産性」もないものをならべた屁のような場所でも、昔からのラジオリスナーにはたまらない聖域だ。局に眠ったままのステッカーや、リスナーから提供してもらったお宝の数々で埋めつくされたイマジンスタジオは、さぞかし熱狂の坩堝と化したことだろう。

「こんなのもならびますよ！」ディレクターのN氏がスタバの紙袋から無造作に出してきたのは、『伊集院光のOh！デカナイト』のノベルティグッズであるオーデカカンペンケースだ。その名に違わずデカい。10×25×3センチくらいか。真っ赤なボディにタキシード姿の伊集院さんの写真。英文で番組の説明が書いてある。オシャレとおふざけの間をいく、90年代はまだまだ景気が良かったんだな……とわかる逸品。「一之輔さんはもちろんお持ちで？」「僕はリスナーだったけどハガキは書いてなかったんです。でも友達が持ってましたよ……いくつか」

中2のときのはなし。

「とうとう手に入れたよ！」友人Aが赤いペンケースを掲げる。

「予想以上にカッコいいんだよ！」そうかぁ……？　予想を超えて伊集院が強過ぎる。これを学校で使うのはけっこう勇気がいるぞ……。いや、友の喜びに水を差すまい。私だってちょっと羨ましい。

すると「何それ？　ダッサ⁉」とクラスの主流派女子のC子が口を挟んできた。「よくそんなの持って来れるねーっ！」口下手なAの代わりに「うるせえよ！　価値もわからないクセに黙ってろよ！」と私が反論。俯くA。あ、AはC子にちょっと気があるんだったな。

「……ダサいかな、やっぱ？」とA。「うーん、写真がなかなかだよね……」と正直に私。

翌日、Aが「こんな感じでどうだろう？」と差し出してきたペンケースには、伊集院光の写真の上に「OH YEAH！」の文字が躍るポップなステッカーが貼られていた。

「プリプリのシングルに付いてたオマケ、姉ちゃんにもらって貼ってみたんだけど……『OH DEKA！』っぽいしさ……どう？」シールの下から伊集院の頭がまだはみ出てる。

「つーか、お前は伊集院が好きなんじゃないのかよ？　C子に言われたからってさ」私の問いに押し黙るA。「……やっぱ剥がすっ！」ステッカーが半端に剥がれて白く跡になった。ヤケになって爪でガリガリやったら塗りまで剥がれて伊集院の顔に無数の銀色のキズが……。涙目のA。かわいそうに、全部C子のせいだ！

その翌日、Aが持ってきたカンペンは左下から右上に斜めにでかでかとカタカナで「オーデカ！」と削り抜いてあった。赤の塗料を削ったその跡に、地の銀色が鈍く輝いてる。

……いやちょっと、カッコいいかも？　ヤケクソ転じて、アーティスティック。でもAは自信なさげだ、あっても困るけど。C子の「その字が『BAKU』ならありかな」との言葉に、Aはちょっとうれしそうな顔をした。いやいや喜ぶなよ。それからAは何度も投稿していたようだが、一向にカンペンはもらえず。卒業する頃にはAのカンペンはぼろぼろで赤い塗料もほぼ剥げきって、表には「BAKU」、裏には「access」のステッカーが貼ってあった。結果的にオーデカファミリーそろい踏み。

そして先日、Nディレクターから「良かったらカンペン差し上げますよ」と言われ、ふとAの顔が頭をよぎった。ちなみにその後、AとC子は同じ高校に入ってから、なぜか付き合い始めたという。実はC子の兄ちゃんはオーデカのヘビーリスナーでカンペンを10個以上持っていて、「やるよ」と言われてもらっちゃったんだ……と、夏休みに図書館でAから聞いた。

「でもさ、そういうもんじゃないだろ？　だから、ついこっち使っちゃうんだよなぁ」と、ぼろぼろの初代カンペンからシャーペンを取り出すA。「ひとつもらってよ」と言われ、その足でAの家に引き取りに行った。

この夏から、我が家にある未使用のオーデカカンペンは2つになった。28年経って机の上で伊集院さんが2人、顔を合わせることもなく決まり悪そうにしている。

（2019年9月号）

((18))

伊集院光のOh!・デカナイト

1991年3月〜1995年4月　ニッポン放送　月曜日〜木曜日22時〜25時

伊集院光といえば現在はTBSラジオの顔ともいえるパーソナリティではあるが、もともとはニッポン放送のお笑いオーディション番組『激突！あごはずしショー』に出演し、優勝したことがきっかけでラジオでのデビューを果たしていた。その後、深夜帯の「オールナイトニッポン」でまず頭角を現す。仮想アイドル「芳賀ゆい」のブームを作り上げ、ヤングタイムのメインパーソナリティとして活躍。「Oh!デカ」では、賞金が当たる聴取者参加の「ザ・ベースボールクイズ」で西武球場をリスナーで満員にするイベントを行なうなど大人気番組に。現在ではギリギリの企画、局アナが女性のあとをつけて、最終的にインタビューにこぎつける「尾行マン」というコーナーも人気を博した。ちなみに一之輔師匠はこの企画を自身の番組で再現した。

第19回

中3の私と夕暮れ時の斉藤由貴

有楽町によみうりホールという1100人収容の老舗劇場がある。私も年1回独演会を開くのだが、やはりこれだけ大きな会場となると緊張するものだ。

2017年7月の独演会。楽屋から舞台へ続く踊り場に『東宝芸能オフィシャルカレンダー』がかかっていて、私は開演前にそれを一枚一枚めくってみた。

沢口靖子、長澤まさみをはじめとした12人の女優陣が「戦場」にむかう私を癒してくれる。11月にはなんと山村紅葉が現れた。戸惑ったあと、少し笑った。

そして12月。斉藤由貴の艶やかさに息を呑む。気分がグッと上がる。その日は普段よりいい高座をつとめることができた。斉藤由貴のおかげ、だと思う。あと紅葉も少し。ありがとう、紅葉。

明けて2018年。やっぱり紅葉がいるのに……32年間カレンダーを彩ってきた斉藤由貴がいない。そんな今年を誰が想像できただろうか。

昨年の不倫スキャンダルが原因か、斉藤由貴はニッポン放送の『オールナイトニッポンMusic10』も出演自粛中だ。

私は斉藤由貴に間に合わなかった世代だ。

「明星・青春という名のラーメン」のCM放送時が6歳。斉藤由貴と同い年の姉がよく食べていた「胸騒ぎチャーシュー」。『スケバン刑事』が7歳のとき。斉藤由貴に熱をあげるには私は幼すぎる。11歳のときに姉と一緒に観た『はいすくーる落書』。今思えば、中高生のときに観たかった。数あるヒット曲も私の思春期の頃には〝斉藤由貴の過去〟になってしまっていた。リアルタイムに聴きたかった。

＊

卒業を控えた中3の春。部活も引退、受験も終わり、ただただ何もすることのない日曜日の夕暮れ時。気まぐれにラジオをつけると斉藤由貴。恐らくこのとき斉藤由貴は26歳。『斉藤由貴ネコの手も借りたい』という番組だ。

私は四畳半の勉強部屋に布団を折り重ねて、ソファー代わりによっかかる。西日に照らされて、部屋中に糸屑のような埃が舞うのがよくわかる。眺めていると微かな眠気が訪れた。

ラジカセから斉藤由貴の独り語り。糸屑に包まれたようなほんわりした声。リスナーからのハガキを読む。ハガキの内容もほんわりしている。

恐らく作家が書いたポエムの朗読。ひとりラジオドラマ。リスナーからの人生相談。番組全てがほんわりしまくっている。心地よすぎて本格的に眠くなってきた。

隣の居間からは父が観ている『笑点』のオープニングテーマがうっすら聴こえてくる。「パフッ♪」と曲が終わり、先代圓楽の野太い声。「まずは江戸家猫八さん・小猫さん親子の動物ものまねですっ！　どうぞっ!!」

「ご飯だよーっ！」という母の声が響き、日曜日は早めの夕飯。四畳半までとどくカレーライスの匂い。

「はいよ～」と私。眠気に、圓楽に、猫八、小猫、バーモントカレー中辛、部屋に差す西日は陰ってきて、ラジオからは「……それでは聴いてください。私、斉藤由貴で『卒業』……」。

「卒業式で泣かないと冷たい人と言われそう……」

思わず、泣けてきた。

「早くしなーっ！　冷めちゃうよーっ！」母の声にうながされ、俯いたまま居間でカレーを掻き込む。テレビではこん平があいさつをしている。「私の帰りのカバンにはまだ若干の余裕があります！　こん平でーすっ！」私の涙腺には余裕がなく、涙が溢れかえる。春の日曜の夕暮れに聴いた『卒業』はいまだに忘れない。

なんで涙がこぼれたんだろう。

＊

私は間に合わなかったけど、斉藤由貴はやっぱり「アイドル」。デビューから今まで、姿、立ち位置、毀誉褒貶……いろいろ変化しつつも常に世間を惹きつけている。ニッポン放送で、よみうりホールの踊り場で斉藤由貴にまた逢えるのはいつの日だろう。フランク永井じゃないけれど、早く『有楽町で逢いましょう』。

そのためには『ネコの手も借りたい』。

（2018年4月号）

((19))

斉藤由貴ネコの手も借りたい

1986年4月〜1995年4月　ニッポン放送　毎週日曜日17時〜17時30分

斉藤由貴は「ミスマガジン」のグランプリを引っさげ『卒業』で歌手デビュー。『スケバン刑事』などで人気を博し、NHK連続テレビ小説『はね駒』のヒロインという国民的女優となった当時、前身の番組『斉藤由貴 見えますか?･青春輝《きらめ》き色』がスタートした。文学少女のイメージを前面に、しっとりした声質で語りかけてくるハガキ読みは、週末の夕方というゆったりとした時間を彩った。ミニドラマがはさまれることもあったが、基本的にはリスナーのお便りや悩み相談などを中心に、旅をテーマにした企画が追随し、ポエムがエンディングとなる。多忙な女優活動の合間を縫った旅先でのロケ収録もあって、静のイメージだけではなく、動のイメージも演出するラジオの王道「アイドル番組」として人気を博し、番組本も出版された。

《第20回》

春風亭一之輔と中3のときの君

1993年の冬の日の俺へ。君は今、中学3年生。高校受験の真っ只中のはずなのに、受験勉強もせず、夜中までラジオばっか聴いて、時折『スーパー写真塾』やら『熱烈投稿』やらを開いて自分を慰めているんだろうな。投稿モノが好きだよな？

いーや、みんなお見通しだ。だって俺は君なんだから。桜珠緒（現・さとう珠緒）のグラビアが載ってる『すっぴん』は卒業までには同級生の中村に返しておけよ。友達なくすぞ。

でも受験は大丈夫だ。君は第一志望に合格するはず。ただ勉強癖もついてないまま、なんとなく進学校に受かってしまったがために、高校3年間の成績は酷い有り様。覚悟しておけ。

一方、いま俺は2017年の年末にテレビで『ミュージックステーション』を観ている。まだやってるんだぞ、Mステ。タモさんは昼間は暇になって、たまにNHKで散歩してる。君と同い年の安室奈美恵は今年で引退だってよ。実家が病院をやってる岩槻のダンサーと、一緒になったり別れたりそれ以外にもいろいろあったよ、安室ちゃん。バツイチ・子持ち・タトゥーありだ。

いまテレビの画面には福山雅治が出ている。黒柳徹子の母校を題材にした『トモエ学園』って曲を唄ってる。トットちゃん、要注意な時期もあったけど、だいぶ持ち直してまた元気になったんだよ。いま徹子はシャンシャンに夢中だよ。シャンシャンって何？　パンダだよ、パンダ‼

福山、晩婚だけど吹石一恵っていう年下の女優と結婚して、もう子供もいるんだよ。吹石って「近鉄の吹石」の娘だぞ。いやいや、これがまるで似てないんだ。美人なんだよ。悔しいよな、おい。本当に世の中、不公平だよな。

だから俺（君）は『福山雅治のオールナイトニッポン』を聴かなかったんだ。顔がよくて、歌が唱えて、演技が出来て、女にモテて、なおかつ下ネタも言えて、男ウケもいい。悔し過ぎるじゃないか。

「あんなもん聴いてたまるかよっ！」って中村に言ってたっけ。高校生になったら「おとらなしめの日曜のＴＯＫＹＯ　ＦＭはまだ聴けるが、あいつのオールナイトを聴いちゃったら俺の負けなんだよ‼」って思うだろう。その理屈、俺はよくわかるよ。

だって俺は君なんだから。

君がこの先、今年（１９９３年）から始まる『浅草キッドの奇跡を呼ぶラジオ』『松村邦洋のＡＮＮ』『篠原美也子のＡＮＮ』など自分好みの番組を追いかける間、福山のＡＮＮは一部に昇格し１９９８年まで続くことになる。〝若者たちのアニキ〟になって、そのうち男性限定ライブを催したりする（ちなみに君も後年、男性限定落語会をやるが気味の悪いオッサンしか集まらない）。ラジオの福山はそれだけ、男にとっても魅力的なんだよ。

「聴かず嫌いはいけない」なんて言わないよ。俺もいまラジオをやってるから「全員に聴いてくれ！」なんて思っていない。「聴きたい人が聴けばいい」と思うのさ。

ただ君に教えて欲しいのは「君（俺）が聴きたいラジオってどんなラジオだったのか？」ということ。それを再確認しようと思ってこの原稿を書いてます。

実はね……暮れに『オールナイトニッポンＧＯＬＤ』を一晩やることになったんだよ。

何？　嘘じゃないよ！　ゴールドって何？　だよなー。いま22時からもＡＮＮやってんの。

ホントだよ！　12月29日にやるんだよ！

信じてくれないなら、いま俺の話を聞くだけ聞いてくれ！　俺、やるからには、中３の俺（君）が聴きたいと思うようなラジオにしたいと思ってんだ。信じられないのはよくわかるけど24年後、楽しみに待ってろよ。あ、楽しみに待つには俺が頑張らなきゃいかんな……。

29日は吹石一恵のデビュー曲『セピアの夏のフォトグラフ』をかけたいな。これ聴いたら吹石をめとった福山のこと、きっと好きになると思うから。吹石の歌声、聴けばわかる。聴いてみて、俺（君）よ。

２０１７年12月29日は、独り勝手に福山雅治への恩返し。なぁ、今回、敬称略だぜ。俺(君)。

（２０１８年2月号）

((20))

福山雅治のオールナイトニッポン

1992年1月〜98年3月　ニッポン放送　木曜日深夜1時〜3時

もともと木曜二部（深夜3時〜5時）として『古田新太のオールナイトニッポン』の後の時間に放送が開始。その後、わずか10カ月で一部に昇格した。二部は実験の場とはいえ、そこから一部への昇格はそれほど例はない。弾き語りを披露する「スタジオライブリクエスト」も含めた、二枚目の俳優・アーティストとしての活躍ぶりはもちろん、そうしたビジュアルのイメージとはうらはらな下ネタも連発。特に全裸での風呂場を想像させるリバーブを使ったエロトークは、自身が聴いていたという『鶴光のオールナイトニッポン』へのオマージュともいえるだろう。ラジオでしか知りえないギャップに触れることもできる本音に満ちた番組で、女性ファンはもとより、男性のラジオファンにも支持を得て、他局も含めた数あるラジオ番組の中でも記憶に残る番組といえる。

高校生の頃

《第21回》

『十朱幸代のいってらっしゃい』と向かいのホームのHさん

15の春のときのはなし。

高校生になり、初めて電車通学をするようになった。私の住む街には「東武野田線」という私鉄が一本だけ走っている。野原の〝野〟、田んぼの〝田〟、そして〝東武〟。都会であることを完全に放棄したような名前の田舎電車だ。

何年か前に「東武アーバンパークライン」というコンプレックス丸出しのまぬけな名前に改称されたが、浸透していないことこの上ない。

その野田線・野田市駅が私の最寄り駅だ。駅舎に向かって右は柏方面。左が春日部方面。私は毎朝、左に行く。八木崎という、春日部駅の一つ先の駅を目指す20分の車内。

携帯ラジオのイヤホンからは『高嶋ひでたけのお早よう！中年探偵団』。通称・おは中。

私の中学からは圧倒的に柏方面の高校に通う人が多く、向かいのホームでは馴染みのある同級生たちが朝からはしゃいでいる。ひと月前までは仲が良かったはずの友達ともレールの幅以上に距離が出来てしまった。イヤホンから流れる『おは中』に逃げる自分にも責任はあるけども。

毎朝7時30分。向かいのホームの2号車が止まるあたりに、隣のクラスだったHさんが立っている。

私はその年の2月、Hさんに告白したがフラれた。いや、正直フラれたかどうか、二十数年経った今もよくわからない。交際の断りの手紙には、「自分にはやりたいことがあるので、今はそんな気になれない」との主旨。おしまいに『さよなら』なんて言わないで……。二人は違う道を行くかもしれないけれど…ら・ら・ら」という一節で締めくくってあった。

わからない。「さよなら」なんて私は一言も言ってない。「違う道を行くかもしれない」って、そりゃ別の高校だし、わかってる。そこを押して、私は「付き合ってください！」と友人Wの家の電話から思い切って、Hさんにお願いしたのだ。「けれど」とはなんだ？なぜそちらが未練を口にする？「ら・ら・ら」に至ってはもうお手上げだ。

「交際は出来ないが、友達でいるのはやぶさかでない。ただこれからは通う学校の方向も違うから、そんなに親しくは出来ないけど、まぁひとつよろしく。あー、高校生活楽しみーっ！　イエスっ‼」ざっくりこんな意味じゃないか？　とWが翻訳してくれた。

朝、向こう岸のHさんにどうしても目がいってしまうとき、ラジオのボリュームを上げる。Hさんもイヤホンをしているが、まさか『おは中』は聴いてないだろう。ドリカムが好きらしいので『中村正人ののるそる』の録音だろうか？　Hさんが「やりたいこと」ってなんだろう？　バンドだろうか……。Hさんの高校には軽音楽部はあるのかな？　バンドやるなら出来れば女の子だけでやって欲しい……。

あーっ‼　……もやもやしてきたら、ボリュームを最大まで上げる。高嶋ひでたけの声が青春の澱を洗い流してくれるのだ。

私は早く中年になりたい。終われ、青春。

柏行きの電車が私の前を走り去るとき、車内のHさんが向かいのホームの私に気づき、一瞬軽く手を上げた……気がする。7時37分。イヤホンから「おはようございますっ」と十朱幸代の声が聴こえる。

十朱幸代。恋多き女優。西城秀樹と付き合ってたらしい熟女……。私にはそんなイメージしかなかったお姉さんが、毎朝たった5分間だけ他愛もない世間話で癒してくれる。

早く中年になりたい。中年になれば、もっと幸代を感じることが出来るはずだ。幸代の「いってらっしゃい」の一言に「おう！　今日はうちで飯食うからな！」と笑顔で返せるずだ。青臭い恋よ、去れ！

そんなことを考えているうちに八木崎駅に着き、いつもの一日。また翌朝の繰り返し。Hさんと幸代の間のレールほどの距離を行ったり来たりし続ける。

6月のある日の朝7時30分。向かいのホームのHさんの横には男子が寄り添っていた。

「あー、もう俺は中年になってよいのだな……」

それ以来、俺は中年。今は帰宅するとイヤホンから小島奈津子が「おかえりなさい！」と迎えてくれる。ちなみにHさんは小島奈津子に似ていた……ような気がする。

（2018年6月号）

((21))

十朱幸代のいってらっしゃい

1981年4月〜1996年3月　ニッポン放送　月曜日〜金曜日　7時37分〜7時42分

ニッポン放送をキーステーションに平日の朝7時半頃から、全国で放送されていた5分ベルトの箱番組。1時間の朝の生放送『高島ひでたけの今日も快調!朝8時』番組開始と同時に、このミニ番組がスタートした。季節の話題や豆知識という内容で、忙しい時間帯にゆったりした声で、ひときの癒やしを通勤のサラリーマンに向けて提供。エンディングで必ず「いってらっしゃい」と締めるパターンは、ともすれば情報が忙しく流れる番組のアクセントでもある。15年務めた十朱幸代から、沢口靖子、黒木瞳、鈴木杏樹、羽田美智子へと人気女優によるこのスタイルが踏襲されて、40年経った現在も続く。また夕方に同じターゲットで帰宅するリスナーに向けた『小島奈津子のおかえりなさい』という番組も派生する。

《第22回》

聴けなかった『松村邦洋のオールナイトニッポン』と高1の「犬」

先日、珍しい仕事依頼がきた。スポーツCh「Jスポーツ」のナレーション。ナレーションはけっこうやるのだが、今回の内容は『2019ラグビーワールドカップ』の予告番組だ。

「一之輔さんは高校時代、ラグビー部だったとうかがいまして……」との依頼文に半笑い。だって練習が厳しくて、顧問の先生が怖くて、たった1年でトンズラしたんだもの。すぐに『スクール☆ウォーズ』がきっかけで軽い気持ちで入部して、思ったより辛くて1年で辞めた根性無しの私でも、そのお仕事はつとまるのでしょうか？」と返信。「事情は存じた上のオファーですので全く問題ございません」との先方からの回答。知ってて頼む!? ドSか!?

『夏の日の1993』©classのはなし。

高1の私は長野県・菅平での夏合宿に向かうバスの中にいた。顧問のY先生は前方の座席に陣取り、威圧感をプンプン撒き散らしている。部員は緊張から物音一つ立てず、まるで少年院の護送車の車内のようだ。図らずも『スクール・ウォーズ2』状態。

Y先生が「お前ら、お通夜みたいにシーンとしてないでカラオケでもやれっ!!」と無理難題。「はいっ!」と飛び上がった真面目なK先輩が久保田利伸の『Missing』を熱唱するも高音がまるで出ない。微妙な空気。F先輩が尾崎の『卒業』を唄う。上手い。だが先生が先輩を睨みつける。先輩、「この支配からの～♪」はまずいよ。同期の一年生Sがプリプリの『M』を唄おうとしてイントロで先輩に消された。「消すなやっ!!」先生が怒鳴る。先生は怒ると関西弁になる。そしてどうやら『M』が好きらしく、「いつもいっしょに～♪」と鼻唄鬼軍曹。

私は携帯ラジオでニッポン放送『つかちゃんの今日も快調! ほがらか大放送』にダイヤルを合わせた。5月に朝帯から昼帯に引っ越したつかちゃんがピリついた空間を和ませてくれる(ただし私の耳回りのみ)。だが、すぐに先輩に見つかりマイクが回ってきた。仕方なく『海のトリトン』。「ラグビーは下手だけど歌はまあまあや!」と先生に初めてほめられた。

菅平に到着。地獄の夏合宿スタート。ラグビー部は厳しい練習で名高く、30人近く入部した1年生は夏までには10人にまで減っていた。そして私は先生の言う通りド下手だった。まず頻繁に「ノックオン」をする。「ノックオン」とはボールを取り損ねて落とす反則。ラグビーは陣取り合戦だ。攻め入ってもボールを落とした時点でストップし、相手ボールとなる。たったひとりのミスでみんなの苦労が水の泡。恨みを孕んだ鋭利な視線がひとりに突き刺さる……という、下手っぴにすれば地獄のようなスポーツだった。

「またお前かーっ‼」先生が怒鳴る。「お前にはやらせるポジションがないでーっ‼」埼玉生まれなのに関西弁。怒っているのだ。

「なにが『one for all、all for one』だよ……」自分の下手さを棚に上げ滝沢賢治を恨む。プライドだけは高いので、いま辞めるのも負け犬みたいで悔しい。「合宿を越えれば劇的に上手くなるなかもしれないな……」そんなことあるわけないのだが意を決して臨んだ夏合宿だった。

だったはずだが……「もういいっ‼　ボール拾いだけしとれやーっ‼」2日目の午前中にして戦力外通告。プロ野球のキャンプなら帰らされるところだろうが、高校生はそのまま生殺しだ。正直ホッとした。あと6日間、幽霊のように目立たずにいよう。フィールドの外に飛んできたボールを走って拾いに行き、ただ「飼い主」に返すのが俺の仕事。菅平で俺は「犬」になる！

2日目の夜。朝3時に腕時計のアラームを仕掛け、目を覚ます。「人間様」たちは寝入っている。「犬」は布団の中でラジオのダイヤルをAM1242に合わせた。お目当ては『松村邦洋のオールナイトニッポン』。癒しはこれだけ。……ザーザーザー。ここは長野。ANN二部はネットしていない。つかちゃんはまだ関東にいたから聴こえたのか……。仕方なく地方局を聴く。一体なんの番組だったのか？　まるで覚えていないが、傷だらけの「犬」にその場限りの行きずりの深夜ラジオはやたらに優しかった。ありがとう、名もないラジオ（本当はある）。

Jスポーツのスタジオでそんな思い出に浸りつつ収録に臨んだ。そのナレーションがなかなかよく出来たのだから皮肉なもんだ。Y先生、見てますか。その声はあのときの「犬」ですよー。

（2019年6月号）

((22))

松村邦洋のオールナイトニッポン

1993年4月〜1999年3月　ニッポン放送　毎週火曜日　深夜1時〜3時

水曜二部でスタートしたが半年で一部に昇格。FAXが普及し始めた当時でも、ハガキの投稿にこだわり、野球ネタやテレビ番組ネタなどが満載で、そうしたコーナーでは後に放送作家となるハガキ職人が多く投稿してきた。もちろん松村自身の持ちネタであるさまざまな人物の物マネも聞きどころ。人気のコーナーは木村拓哉の物マネで、流行をネタにホラを吹くという「木村卓球屋のホップ・ステップ・スマッシュ！」。また、ビートたけしの声色で2時間を構成した「ほぼビートたけしのオールナイトニッポン」が放送されたこともあった。テレビでは見られない、松村を伺い知れる番組であり、アイドルから大物ミュージシャンまで、幅広いゲストが登場し、バラエティ色の中にもメジャー感がある番組構成で人気を博した。

((第23回))

高校時代の私と、怪物・遠藤弁護士

この世の中、何事にも「谷間」がある。先発ローテーション・おっぱい・人生……そしてラジオ。高2の夏休みはただただ暇だった。春に部活も辞めてしまい、やることが何もない。

たったひとりの友達・Tの家は草加。我が町からは県を跨いで片道1時間弱。会っても芸能ゴシップや、つまらないからこの世からいなくなって欲しい芸人の話くらいしかしない。わざわざ会うのも億劫。かといって図書館で勉強なぞしたくない。春までいた眼鏡女子司書さんは辞めてしまったようだし。扇風機の風を浴びながら、ひたすら家でゴロゴロするだけの40日間。

家族が出払ったあとにノソノソ起きてきてブランチ。食卓には「自分で豚肉を焼きなさい」との母からのメモ。冷蔵庫にあった豚バラをフライパンで適当に焼く。エバラ焼肉のたれを適当にぶっかける。豚バラ焼きと白飯のみ、という栄養バランスもへったくれもないメニュー。腹が満たされればそれでいい。高2男子には野菜必要なし。ただ部活を辞めて3カ月、最近少し太ってきたかもしれん。

腹がいっぱいになったら、扇風機をフルにして、ラジオをつけてまたゴロゴロする。流れるのは『玉置宏の笑顔でこんにちは！』。満腹感＋扇風機の強風＋玉置節。真夏の午前中の最高の贅沢。同世代の男子はどうせ今ごろ市民プールで女子とじゃれ合っているのだろう。愚の骨頂なり。バカな女どもとチャラチャラ遊んでるあいつらより、俺は一歩も二歩も先を行く。そう、夏の大人はプールより玉置宏……と思い込む。

11時からは『テレフォン人生相談』。大人の夏は加藤諦三も可！　……と思い込む。膨れた腹を掻きながら他人様の悩みを高みの見物。悩んでるなー、みんな（笑）。その日は46歳主婦からの「大学生の息子が学校も行かずにただ部屋でダラダラしているだけ、将来が心配でなりません」というお悩みだ。

今日のMCは加藤芳郎。いわく「甘やかすな、野に放て」……。「フムフム、いいこと言うね、さすが『連想ゲーム』」ふと鏡に映る自分に目がいく。んー、あれが今の俺……？加藤芳郎が叱責。「お母さん！　あなたの息子なんですから！　言うべきことは言わねばならないっ‼　そのままだと息子さん、ろくな大人にならないですよっ‼」……みたいな。ちょび髭、ちょっとうるさいな。同じ加藤なら諦三のほうが俺は好きだぞ。

思いきってラジオのダイヤルを１１３４に変えてみる。

の本気でＤｏｎＤｏｎ！』。梶原しげる、スピーカーから唾が飛んできそう。玉置さんに慣れちゃうと番組のテンポが早過ぎてついていけない……俺はいったいいくつなんだろう？

加藤芳郎から逃避するためだけにダイヤルを捻ったら「愛と誠の人生相談」というコーナーが始まった。しかしラジオって人生相談ばっかりやってるな（令和になっても然り）。17歳・高校生・男子からの相談は「なにをやってもつまらない。周りがバカに見えてしようがない」みたいな鼻持ちならない悩み。回答者は遠藤誠弁護士。永山則夫や奥崎謙三、のちにはオウム真理教の青山弁護士の弁護をしたことで有名だ。芥川龍之介みたいなルックスで、東北訛りのくだけた丹波哲郎みたいな声。

「世の中、たのしーいことなぞないんだなーっ！　……かと思えば目に入るもの全てがたのしーいっんだーよーっ‼」ＴＨＥ・禅問答。

しかし、ざっくばらんな声のトーンの中に、大風呂敷に包み込まれるような緩やかなおかしみあり。

「人生山あり谷ありでなぁ。谷間に居るときは上ばかり見えて情けなく思えるかもしれんが、地べたを見るより空を見てるほうが幸せなのよ！」

「女の人と付き合ってみなきゃ。おっぱいは偉大、谷間は偉大！」

……みたいなことをふわふわと力説する誠。また鏡に映る自分を見る私。あ、いけね。『ラジオビバリー昼ズ』が始まってる。ダイヤルを１２４２にせねば……でも、もうちょっと聴いてみようか。

その日から「愛と誠の人生相談」がある日は『本気でＤｏｎＤｏｎ！』を聴くようになったんだっけかな。遠藤弁護士は風呂嫌いで出演する日はスタジオに異臭が漂うというのも、その怪物感が増すいい逸話。遠藤弁護士がその夏の私のラジオの谷間を埋めてくれた。休み明けに、友人Tに「遠藤弁護士いいなー」というと「学園闘争の闘士で、過去自殺未遂したことがあって、いま肩はフケだらけらしい」というどうでもいい情報をくれた。

愛と誠の谷間がＤｏｎＤｏｎ埋まっていった。

（２０１９年８月号）

((23))

梶原しげるの本気でDonDon!

1988年4月〜2000年3月　文化放送　月曜日〜金曜日　11時〜13時

「ニュースの向こうに何かがみえる我らニュースの探検隊」というコンセプトで、当日の事象も含めたリアルタイムのニュースを、2時間にわたって深掘りするという企画ですすめる生ワイド番組。マシンガントークの梶原しげるが進行役となって、ラジオ報道の雄・文化放送が、そのフットワークをフルに活かした番組で、他の番組では「リポーター」と呼ぶ「探検隊員」が登場。専門の報道記者だけではなく、ディレクターをはじめとした番組スタッフや放送作家が、オンエアで梶原しげると会話をするのがウリ。取材したレポート原稿を読むのではなく、一次情報としての鮮度が高いトークが聞きものだった。第一木曜日の人気コーナーは、弁護士の遠藤誠による「愛と誠の人生相談」で、単行本化もされた。

第24回

『ピンクワンダーランド・CoCo一番』と謎のマイルーラ

15歳のときのはなし。

深夜にうとうとしながら『伊集院光のOh！デカナイト』を聴いていると「マイルーラ」という単語が耳にもぐり込んできた。

いわゆる箱番組という、アイドルやミュージシャンが担当する10分番組はついうとうとしがちだ。それにしても「マイルーラ」だけがどうにも耳に残ってしょうがない。初めて聞く言葉だ。

ドラクエのルーラとバシルーラなら知っている。ルーラ系の新たな呪文か？　ルチャドールの如く、軽快で華やかな響き「マイルーラ」っ!!

「はてマイルーラ、一体誰が、どのコーナーで口にしていたのか……？」

どうにも思い出せずスッキリしないまま、次の日、保健体育の授業の時間。

高校入学後、配布されたまっさらな教科書をペラペラめくっていると、見覚えのある軽やかなカタカナ五文字。「お、マイルーラ！」わぁ、避妊薬だった。

同じページには「コンドーム」「オギノ式」「ペッサリー」「ピル」……などなど。当時の私にはまるで無縁のアイテムの写真・効用・使用法・使用上の注意が事細かに記されていた。

ペッサリーとか言われても……。写真を見ると子供のころ流行った「ポッピンアイ」みたいだ。あんな固いものをデリケートなところに……。身体のなかでポッピンしたら一大事じゃないか。女性は大変だな。

「マイルーラ」は殺精子剤で出来ているフィルムらしい。写真はなかった。ただ「殺精子」＋「剤」という言葉の持つインパクト。ＮＨＫの『映像の世紀』で観たナチスのガス室的なイメージが浮かぶ。絶対違うのに。

「人類はとんでもない怪物を作り上げてしまったな……」と戦慄。のちのマイルーラ博士(仮名)の苦悩は察するにあまりある。そもそもフィルムを体内に突っ込むなんて……。やっぱり女性は大変だ。筒に入ったカメラ用フィルムを想像する私。んなわけない。

その日の夜。「ＣｏＣｏの番組、変わった…‼」『オーデカ』を聴いていると、昨日は気づかなかったジングルの変化に驚いた。月〜木の10分番組『CoCo 恋は大騒ぎ』のタイトルが『ピンクワンダーランド・CoCo一番』に、提供が「森永製菓」から「大鵬薬品工業」に変わっているではないか‼

でも内容はそんなに変わってない‼ 一安心。それにしても『ピンクワンダーランド』って……。「あ、マイルーラ……」ラジオからはマイルーラのCMが流れてきた。若い女性が「マイルーラ」の使い勝手のよさをひとり語りするような内容。男性に任せず、女性も自分から進んで避妊しよう……みたいな。

その当時、スポンサーの大鵬薬品工業はマイルーラの製造販売をしていた（今はしていない）。「昨日、これを聴いたのか……」

トップアイドルであるCoCoの冠番組のCMに「マイルーラ」という斬新さ。下腹あたりに重い衝撃を受けた、明くる日。

「スポンサーからもらったりするだろうな……マイルーラ」

休み時間、ラジオ友達のTくんの、下衆な勘繰りに仕方なく愛想笑いする私。

「まさに『ピンクワンダーランド』なんだろうか？ アイドルの周辺は……？」放課後、ため息をつきながら2人で近所のCoCo壱番屋へ。300グラムのライスにラッキョウを山ほどのせてかっこむ。身体がラッキョウを欲しがっていた。

駅への帰り道、薬局の前でTは「俺はこれの使い方はおろか、買い方すらもわからないがな……」と『安心スキン』の自販機を指差して苦笑した。ラッキョウ臭い息をはき合いながら私も笑った。Tはおもむろに「ええい、乗り掛かった船だ」とコインを入れてボタンを押す。頼りなさげな小箱がカタンと落下した。

「おぉ!!」2人で顔を見合わせると、Tは「よし! 今日はこんなところで勘弁しといたろ!」とそれをポケットにねじ込んだ。

CoCoはその後、1年で解散してしまった。もちろん番組も終わった。私は大野幹代が好きだった。Tが好きだった宮前真樹は最近、レストランのプロデュースとかしてるらしい。「マイルーラ」はいろんな事情で、販売中止になり、私は一度も見ることがなかった。

(2017年9月号)

((24))

ピンクワンダーランド・CoCo一番

1990年4月〜1994年9月　ニッポン放送　月曜日〜木曜日　23時50分〜24時

おニャン子クラブとモーニング娘。のブームの谷間の時期に、フジテレビの番組から輩出された女性アイドル乙女塾の1期生の3人組CoCoが担当する録音番組。『内海ゆたおの夜はドッカーン！』と、『伊集院光のOh！デカナイト』に内包される箱番組として放送されていた。アイドルの箱番組は、もともとラジオを聴いたことがないティーンが、ファンとなったタレントの生の声に接するという、入門編として存在していて、そこからラジオを長時間聴く習慣をつけさせたいというヤングタイムの常套手段。有楽町にある旧局舎のスタジオ「ラジオハウス銀河」で、バドミントン大会などを含む公開収録を積極的に行った。開始当初は『CoCo　恋は大騒ぎ』というタイトルだったが、スポンサー変更にともない『ピンクワンダーランド・CoCo一番』となった。

第25回

『新日鉄コンサート』と理想のポーランド女（仮）

高2のときのはなし。

とある日曜日の昼下がり。たまり場の落研の部室にはボンクラが4人。帰宅部のMが言った。

「発表する。俺は女を顔では選ばん。凛とした佇まい、女はこれで十分。よろしく」

何が「よろしく」なのかわからない。Mは身長154センチ、顔は手塚治虫先生の描く自画像似の男。

「女は背が高い方がいい」「肩幅は広いとなおいい」「髪型は断然おさげ」「外国人、それも東欧共産圏、堅い感じがベスト」「顔は中の下くらいがちょうどいい、美人過ぎるとかえってアウト」

何が「かえって」なのか不明だが、Mは鼻息が荒い。

「実はいるんだよ。そんな女子が……いつも乗る東武伊勢崎線に……」

「え⁉　外国人っ⁉」と私。「残念ながら日本人だが……。見た目は『ポーランド』って感じ」とM。「見たことあんのかよ？　ポーランド人」と帰宅部のK。「あるわけないだろ！　松原団地に住んでるヤツが！」と即座にTが突っ込んだ。

ワーワー言いながら、結局「明日、みんなでMの理想のポーランド女（仮）を見に行こう！」ということになった。

翌日、月曜日の放課後、「昨日のニッポン放送のアイドル帯、聴いた？」「中江有里は聴いたが、寝ちゃって森高聴けなかった」「工藤静香に踏まれたいな」「『ハートにribbon』また復活せんかなぁ……永作ーっ！」「俺は絶対、松野有里巳だな……いいお母さんになりそうだ」など糞の役にも立たないアイドルラジオ話をしながら東武線に乗り込む。

Mがそのポーランド女（仮）に毎日遭遇するという駅で、我々は張り込むことにした。

「ホレ」と、TがMにバラを一輪手渡す。

「会ったらその場ですぐ告白しろよ。せっかくここまで来たんだから楽しませろ！」

「そーだ！　もう付き合っちゃえ！」と皆ではやし立てたら「……そうだよな。弾みってこともあるしな。やっぱりポーランドにはバラかな……」

まさかノッてくるとは……。「やっぱり」ってなんだ？

Mが「あ！……あの中にいるっ!!」と指差した改札口の向こうに、派手な女子が5、6人。ブレザーにルーズソックスでキャッキャッと騒いでいる。

「陽性のオーラが発散され過ぎてて、正視に耐えんな……目が潰れそうだ」とTがつぶやく。

「アレか？　M！」とKが尋ねた目線の先には、カクカクした歩き方の、一際ノッポで鼻の大きな女子。長いスカートにハイソックス、おさげ髪。凛といえば凛……か？

「あれだよ（嬉）」とM。

「なんか……あの女………『新日鉄コンサート』みたいな女だな……」とT。少し間を置いて皆が「……あーーっ」とうなずく。

『新日鉄コンサート』とはニッポン放送のアイドル番組に挟まれた、日曜夜にかなりの寂寥感を覚えさせてくれる謎のクラシック番組だ。

「なるほど、堅いな」「新日鉄だ」「カクカクだ」「ポットみたいな鼻だ」「共産圏のOLか？」「女子の花園になぜあんな鉄塔が建ってるんだ？」皆で好き勝手なことを言った。

「『那須恵理子』だな」

Kがナレーションのアナウンサーの名前をつぶやいた。「そうだ。那須さんだ」「那須さん！」「那須！」那須アナの顔を見たこともない馬鹿どもが勝手にあだ名をつける。

「やめろ！　『那須』と呼ぶな！」Mが怒った。それも失礼だ。

『新日鉄コンサート』が我々のツボに入ってるうちに一団が過ぎ去ってしまい、結局Mは告白できなかった。「バラ、どうしよう……」家に持ちかえることもできず、バラは駅の売店のおばさんに。「あらやだ（照）」おばさんは勘違いして頬を赤らめた。

翌朝、「『新日鉄コンサート』のオープニングテーマ、ショパン作曲なんだって。ショパンってポーランド生まれなんだよ！」Mが嬉しそうに話しかけてきた。

「あ、那須さん？」「だから那須じゃねーよ!!」

「はい、席につけー」担任が眠たそうに教室へ入ってきた。


（2016年2月号）

((25))

新日鉄コンサート

1955年10月〜2005年3月　ニッポン放送　日曜日22時30分〜23時

ニッポン放送開局の翌年1955年からおよそ50年にわたって放送されたクラシック音楽番組。テレビが登場するまでは、コンサート中継や公開録音などは、ラジオドラマや劇場中継と並ぶある種のキラーコンテンツで、そのスタイルを踏襲したもの。東京の上野公園にある東京文化会館や、新日鉄が所有する紀尾井ホールで行われるクラシック・コンサートを、モノラル時代でもマイクを多数しっかり配置して収録。また有望なクラシック演奏の新人を表彰する賞の発表も行われた。日本の民放では珍しく、「アンダーライト(underwrite)」という番組タイトルにスポンサー名を入れる代わりに、CMが入らない番組スタイルで、また日曜22時半の放送時間に固定されてからは、前後をアイドル番組が挟むなどして、まさに孤高の存在として輝き続けた。

第26回

私と「加トちゃんと加藤茶と加藤ちゃん」

私には20歳の弟子がいる。先日楽屋で「ドリフターズのメンバーを全員言える?」と聞くと「ハイ、高木ブーと……」。いきなりブーが挙がるのに驚いたが、あとはすんなり「志村けん、加藤ちゃん…」。『加藤ちゃん』が少し引っかかるが、まぁいいか。「こうじ……なかもと……」。ひっくり返っちゃった！ そしてなんとリーダーが最後まで出てこない。「わからない?」「えーと、顔はわかるんですが……」『踊る大捜査線』の和久さん！」と言っても、『踊る〜』がわからないという。「加トちゃんのギャグを知ってるか?」に「だっちゅーの!」と答える20歳。「パイレーツはわかるのか?」に「カリビアンですよね」。……20歳は『ボキャ天』も知らなかった。

そんな浅田好未派な私は41歳。『8時だョ!全員集合』が終了したのが7歳のときなので、実はドリフターズ直撃世代ではない。メインは『加トちゃんケンちゃんごきげんテレビ』か『ドリフ大爆笑』。『KATO&KENテレビバスターズ』に至ってはこちとら思春期、かなり冷ややかな目で観ていた。時代はすでにダウンタウン・ウッチャンナンチャンに変わろうとしていた頃だ。今思えば小学生のときに『全員集合』のイニシエーションを受けておきたかった。幼稚園児ではちょっと早過ぎだし、『ごきげんテレビ』では物足りない。やはり『全員集合』なのだ。

『だいじょうぶだぁ』で気炎を上げる志村けんと比べ、ごきげんテレビ後の加トちゃんは元気がないように見えた。

「加トちゃんのラジオが始まるみたいよ」高2の夏も終わる頃、同級生のTが教えてくれた加トちゃんがメインパーソナリティの夕方の帯ワイド。その名も『6時だよ！ 加トちゃんのビバノンラジオ 全員集合！』。「……ビバノンラジオ。加トちゃんだけなんだろ？まるで『全員集合』してないし……加トちゃんのトーク……どーなんだろ……？」

なんでも加トちゃん、初めてのラジオのメインパーソナリティらしい。リスナーのTは多くは語らないが、いわく「なんかね、聴いてて疲れるよ」

その日、勉強部屋でダイヤルをひねる。「6時だよ！ ビバノンラジオっ！ 全員集合〜っ♪」軽快な女性の歌声のジングル。「続いてのコーナーはっ！」あ！ 加トちゃん！ 声を聴いてすぐにわかる加トちゃんの声。安心・納得の加トちゃんラジオだ。テレビで我々のハートを鷲掴みにした加トちゃんがラジオがダメダメだったらどうしようか……と思ってたところ、増山さやかアナとの掛け合いも快調快調。

コントのコーナー。ラジオコントも加トちゃんは素晴らしい。Tは何を的外れなことを言ってるのか！　加トちゃんは身体から発する音がまず面白いんじゃないか。ラジオではそれがびんびん伝わり、加トちゃんとラジオの親和性はバッチリである。

コントが終わり、エンディング間際のフリートーク。なぜだろう、やたらにくたびれている自分がいる。その日は夕飯が喉を通らない。食欲がない。お腹いっぱいだ。

翌日も同様の症状に悩まされる私。3日目で気づいたが、フリートークもコント台本を読んでいるようなのだ。パーソナリティが「加藤茶」でなく、ずーっと「加トちゃん」。「加藤茶」のピンのラジオのはずが、「加藤茶」が、タイトル通り『全員集合』のなかの加トちゃんを演じている、ような。それを視覚なしで、音のみで浴びるから余計に疲れるんだ。

結局、それ以来縁がなくなった『ビバノンラジオ』は、3年目からは午前中に引っ越して『加トちゃんのラジオでチャチャチャ』とリニューアルされた。今度は、Tいわく「加トちゃんの『ちょっと早い老後』を垣間見てるようなラジオ」。

聴いてみた。加トちゃんがほどよく枯れていた。漂ってくる「余生感」。いい。たまに遅刻する加トちゃん。いい。一生懸命じゃない加トちゃん。いい。

今、まさに余生中（?）の加トちゃんがラジオをやったらどんな感じだろう。20歳の弟子に「『加藤ちゃん』て、どんな人かわかるか?」と聴くと「若い奥さんもらった、ちょっと可哀想な感じの人ですかね?」と……。

「加藤ちゃん」じゃねえし。「加トちゃん」で、「加藤茶」。加トちゃんは時によって、とろとろと移ろうのだ。


（2019年3月号）

((26))

加トちゃんのビバノンラジオ 全員集合！

1994年10月～1996年3月　ニッポン放送　月曜日～金曜日　18時～19時

ザ・ドリフターズのメンバーとして、唯一レギュラーの生放送のラジオを長期間にわたって持っていたのが加藤茶。動きを交えて練り上げるコントが中心のグループだけに、テレビがメインの活動だったザ・ドリフターズだが、「加トちゃん」は10月～3月は平日のナイターオフ、4月～9月は野球の試合がない月曜日というイレギュラーなスケジュールで、メインパーソナリティとして登場した。相手役は局アナの増山さやかで、コントも交えた軽快なやりとりで好評を博す。コーナーはリスナーからの投稿や電話つなぎが中心だが、持ちネタのギャグも満載で、期待を裏切らない番組となった。その後、『玉置宏の笑顔でこんにちは！』の後継番組となる午前中の生ワイド番組を担当。ニッポン放送の看板パーソナリティとして活躍するようになる。

((第27回))

『後藤鮪郎の正義のラジオ！ジャンベルジャン！』と友人Tの癖

高2のときのはなし。

「後藤鮪郎」……「ごとう・まぐろう」。

当時、某高校の教師をしながらの覆面ラジオパーソナリティ。ニッポン放送の土曜夜『後藤鮪郎の正義のラジオ！　ジャンベルジャン！』が始まった。

初回の数日前、我々落語研究部の部室で定例部会が開かれた。議題は「この秋から始まる新番組について」。ちなみに部会と言っても私とTの2人だけの駄話だ。新聞のラジオ欄を前にして、チップスターを何枚重ねて口に入るか競いながらのボンクラタイム。

私「もふもふ（チップスター頬張り音）……まずなんて読むんだ？　ごとう……」

T「……もふもふ（同音）……まぐろ、ろう……かな？　ごとう・まぐろろう？」

私「まぐろろう？　おかしいだろ？　鮪一文字で、音読みはなんだろ？」
Ｔ「（調べて）……『しび』と読むこともあるらしい」
私「嘘？　『しび』って？　じゃぁ、しびろう？」
Ｔ「……かな？」
初回の放送が終わり、日曜を挟んで月曜日の放課後。『ジャンベルジャン』を聴いたらしいＴは……。
Ｔ「普通に『まぐろう』だったよ！」
私「？　……何のこと？」
Ｔ「おい、忘れたのか⁉」
それからＴはまだ始まったばかりの『ジャンベルジャン』を大絶賛し始めた。
Ｔ「何がいいってさ。生電話で、中高生の悩み相談だよ‼　リアリティーがあってたまらないわな‼」
私「自分だって中高生だろが？　……悩みってどんなの？」
Ｔ「恋愛手前の気になる異性についてとか、家族と上手くいかないとか、他人の視線が気になるとか。なんかいーんだよな……膨らみかけた蕾が、初めて冷たい雨に打たれて凍えてる……みたいな……聴いててゾクゾクすっよ‼」

喩えが気持ち悪い。そしてゾクゾクという表現に違和感を覚えたが、翌月にTはラジカセでエアチェックしたひと月分のテープを聴かせてくれた。
T「オススメの悩みはコレ！」
悩みをオススメとは何事か？　内容は「自分の容姿に自信が持てず、人前で俯いて喋れなくなってしまう中2女子」というもの。
T「いいよね……あぁ、いいなぁ……これもいいよ」
次は「兄の視線に性的なものを感じ、これから兄妹としてどう接していけばよいのか？」という高1女子。
私「女子ばっかか⁉」
T「いやいや、男子の相談もあるよ。だが、男はつまらん！　両親が離婚しそうでどっちについていくか迷っている中1女子の相談もたまらんな」
私「で、肝心の後藤鮪郎はどうなの？」
T「……ザックリ言うと、熱く、優しく、厳しくだよね（棒読み）。まぁ、どっちかと言うとこの番組は鮪郎のアドバイスより、若者のお悩みという食材を楽しんでるよ。お悩みをオカズに丼三杯はいけるよね‼」
「変態め」と罵ったら「それならそれで構わない！　初々しい中高生（女子）の純粋な悩

み事を聴ける限り俺はこの番組を支持するっ！」と居直った。なにも言うまい……。

しばらくすると、番組の時間帯が深夜に。半年経つとTは「どうも最近……」と浮かない顔だ。

悩みが深刻過ぎてTの許容量を超え出したらしい。「深夜帯になったら、リストカットとか言い出してさ……」

1年すると、パーソナリティが後藤鮪郎からドリアン助川に。寄せられる相談にはより切実で闇の深いものも増えた。Tいわく、「悩みのインフレーション」「米の飯が食いたいのに、オカズに怪魚の唐揚げとか山羊のごった煮が出てきた」

しかし「ドリアンがいいのよ！」と続ける。「ドリアン助川は見たこともない食べれんのか？　って食材を（情熱と愛）という直火で焼くような、心震える男の料理を提供する流れ板的シェフ」なんだそうな。

喩えの正確さはともあれ（青少年の悩み→食材）（回答者→料理人）に喩えるのはけっこう新しい視点だな、と今になって思う。

去年、Tに会ったら『全国こども電話相談室・リアル！』の話をしてきたので「三つ子の魂百まで」を実感した。ちなみにレモンさんこと山本シュウは、誰にでも好みを合わせるファストフードらしい。なんじゃ、そら。

（2017年5月号）

((27))

後藤鮪郎の正義のラジオ!・ジャンベルジャン!

1994年10月〜95年10月　ニッポン放送　毎週土曜23時30分〜25時

愛知県岡崎市の高校の物理教諭でパンクバンドのボーカルでもある後藤鮪郎が、自ら企画を持ち込んで実現したという、中高生向けの悩み相談番組。生電話でリスナーの悩みと対峙する内容は、学校生活でのいじめなどのトラブル、性に関する話題など多岐にわたり、それに対していわゆる「先生」ではなく、ひとりの人間として真摯にストレートなコメントするところに人気があった。しかし愛知県の教育委員会から、現役教師がレギュラー出演することについて問題視され、パーソナリティが「叫ぶ詩人の会」のドリアン助川に交替。その内容は引き継がれた。午前中の長寿番組『テレフォン人生相談』とは異なり若者向けの生放送ではあるが、ヘビーな内容ともなると、その対応にはパーソナリティの技量や人間性が問われることになるので一筋縄ではいかない。

《第28回》

NHK『真打ち競演』と中江陽三アナウンサーとその「孫」

高校生のとき、私が欠かさずチェックしていた番組は、TBS『らんまんラジオ寄席』とNHK『真打ち競演』。

落研だった私にはラジオの寄席番組がお手本だった。その頃は「現役の演者」の音源はほとんど流通していなかったので、新聞のラジオ欄をチェックして気に入った噺家のネタを録音し、何度も聴いてコピーするのだ。

今の落研はYouTubeで覚えるらしい。学生いわく、「動画があり過ぎて何を覚えりゃいいか、わかんないっす」とのこと。うらやましいが、ラジオの寄席番組のありがたみがわからないのがちょっと可哀想。

噺家になり二つ目に昇進して5年後、『らんまんラジオ寄席』からお声がかかった。スタジオ収録だ。

高座の両脇には秋田の銘酒「美酒爛漫」の酒樽が飾られ、スタッフはみな「美酒爛漫」と染め抜いた半纏を着ている。TBSの社屋内で、そこにだけ溢れたワッショイ感。司会の赤荻歩アナがイケメン過ぎてちょっと不釣り合いな気もしたが、公開収録のお客さんの統率がとれた小刻みな拍手に心が躍る。

それから数年後、真打ちに昇進したら文字どおりNHKの『真打ち競演』に出演することになった。いつものように地方の公開収録かと思っていたら、今回は東京でスタジオ収録とのこと。

業界の噂によると、『真打ち競演』の地方収録は「市制○周年記念」とか「○○市民会館落成記念」に絡めて行われるらしい。もっと言うと、ホスト側の自治体が『のど自慢』（総合テレビ）か『真打ち競演』（ラジオ第一）かを選択するとのこと。資金が潤沢な自治体は『のど自慢』を選び、そうでない自治体は……噂だけど。

地方収録の狭間は東京でのスタジオ収録になるという。

NHKの505スタジオの楽屋は出演者が全員集う大部屋だった。私が楽屋入りすると恰幅のいいお爺さんがソファーに座ってお茶を飲んでいた。

「司会の中江陽三です。よろしくどうぞ」大ベテランなのに飄々と、中江アナウンサーは若造にも分け隔てなくどんどん話しかけてくれる。

思い切って「高校生のときから『真打ち競演』聴いてました！」と打ち明けると、中江さんは「一之輔さんは落語研究会出身？……私は旧制中学のときね……」とご自分の話をしてくれた。というか、自分の話、メチャクチャしたそう……。なんとなく「得意ネタ」が始まるような空気が漂う。

「私、野球部でね……甲子園まで行ったんです……。負けてしまいましたが、監督に促されて甲子園の土を持って帰りましてね……それからですよ。敗れたチームが甲子園の土を持ち帰るようになったのは」マジかよ……？　ちょっと半信半疑な私。

「一之輔さんは落研から『真打ち競演』に出るまでになったんだから、甲子園からプロ入りしたようなものですね……」

「いやいや！　とんでもないです！」と、とりあえず頭を下げる。

中江さんはお孫さんの話も聞かせてくれた。「今、甲子園目指してますよ。中3ですがね……ふふ」

嬉しそうに孫の話をするおじいちゃんは本番を告げられると、ピリリとアナウンサーの顔に戻り「では、行ってきます」と壇上へ。

軽妙な語り口でお客さんを沸かせる中江アナの姿を見ながら、泣きながら土を集める中江少年を思い描こうとしたのだが……なかなか難しい。

この原稿を書くにあたり、中江さんについて改めて調べてみた。早い話がググってみた。「中江陽三の娘は元慶應義塾大学・ゴルフ部主将」だそうな。へー……。「その夫はヤマハラグビー部監督・清宮克幸」……ちょっと待て‼

中江さんは、早稲田実業の、あの清宮幸太郎の、母方の、おじいちゃんだった……。マジか‼ 孫ってあの清宮くんだったのか……。

疑ってすみません、中江さん！ 現在、中江アナは『真打ち競演』を退かれている模様。今度お会い出来るのはいつになるだろう。これから清宮くんを見るたびに、中江さんとご一緒したあの狭い楽屋を思い出すはず。

あの日の私の落語は、505スタジオに土があれば持って帰りたいくらいの散々な出来だった。


（2017年10月号）

((28))

真打ち競演

1978年11月〜現在　NHK第一　毎週土曜日10時05分〜10時55分

ラジオ放送がスタートした当時は劇場中継やラジオドラマなどと共に、メインの番組だったのが邦楽や演芸の番組。テレビの出現によって、ラジオでの放送枠は縮小したが、NHKでは現在、大阪放送局における長寿番組『上方演芸会』と『真打ち競演』が残っている。落語、漫才、漫談を基本として、芸を究めた「真打ち」が3組競演する。出演するのは『上方演芸会』との差別化で、すべて東京の芸人。落語協会・落語芸術協会・漫才協会に所属する芸人が主に登場するが、近年はそれら所属しないコントや音曲などの若手も登場するようになった。全国各地を巡回して、応募して選ばれた聴取者が観客となって収録する公開番組だが、東京収録の場合NHK職員や関連企業の業員などの「内輪」による観客が中心となる。

((第29回))

昇輔兄さんと「江戸前な学級崩壊」

16歳のときのはなし。

夏休み最終日の8月31日。私は東武野田線とJR常磐線を乗り継ぎ、上野を目指した。ジーンズメイトで買ったばかりのオカメインコのプリントTシャツを着こみ、耳には携帯ラジオのイヤホン。向かうは東京都恩賜上野動物園、通称・上野動物園だ。

その前の週、いつものように『高田文夫のラジオビバリー昼ズ』(以下、ビバリー)の録音を聴いていると、リポーターの春風亭昇太(敬称略)が言った。

「来週は落語芸術協会の夏の寄り合い、上野動物園からの中継でーすっ‼」

〝寄り合い〟とは落語家がたくさん集まる行事……らしい。それをビバリーで中継? 夏休み最終日だ。なにもなかった高2の夏休み。私の好きな「ラジオ」と「落語」が奇跡的にシンクロした瞬間だった。

「見に行かねば……動物を見てはしゃいでいる落語家たちを……」

「写ルンです」を買って動物園の正門前に着くと、お揃いの浴衣を着た無数のやかましい団体。ほとんどお爺さん、ときどき若い人……落語家だ‼ 正門を背に集合写真を撮っている。全員浴衣。さながら病院を集団脱走してきた患者たち。

入場開始する落語家を遠くから追う。皆、まとまりなく、ワーワー言いながらちりぢりバラバラに歩いていく浴衣姿は、まるで「江戸前な学級崩壊」。

後ろから「君は学生さん？」と声をかけられた。「はい、ビバリー聴いて来ました」「へー、昇太兄さんあそこにいるから写真撮ってもらいなよ！ 竹丸兄さんもいるよ、行こう！」

このメチャクチャ親切なお兄さんは前座の昇輔さんといった。

「兄さん！ この子、ファンだそうですよ！」

昇輔さんが間に入ってくれていろんな落語家さんとツーショットを撮ることが出来た。一様に皆さん気さくに応じてくださる。いま思えば、桂歌丸師匠。今年80歳だから、あの時50代後半か……。とてもそうは見えなかった。いまと同じお爺さんだった。

「あのオウムのTシャツの子、落語好きらしくて……」「オウムのシャツの少年と……」昇輔さんは優しい。「……インコなんだけどな……」と思いつつも嬉しかった。「あのオウムの子と……」「え⁉　オウム⁉　まじかっ⁉　俺やだよ‼……なんだ、シャツの柄かよ‼」というやりとりが数回あったが、ノー問題である。

12時。ビバリーの中継コーナーが始まった。動物園のイートインスペースのテーブルに、桂米丸、春風亭柳昇、山藤章二、吉川潮。カオスである。イヤホンから高田文夫と松本明子の声。プラス目の前の4人のお爺さんとおじさんたちの声がステレオで聞こえてくる。

話の内容はほとんど覚えてないが、なんか凄いものを見たような気がして夢中で「写ルンです」のシャッターを押した。ジーコジーコとフィルムを巻いた。

17時に帰宅。「ずいぶん顔が焼けたわねー。どこ行ってたのー？」と母。「上野動物園」「アラ？　デート？」「……なわきゃねーべっ‼」なぜかいつも出ることのない北関東訛りが出た。

数日後、現像されたたくさんの浴衣姿のお爺さんの写真を見て、母はいたく動揺したという。私が落語家になってから聞いた話だ。

再会した昇輔兄さんはやっぱりいい人だった。その時のお礼を言うと「そんなことあったっけー？　覚えてないやー。ははは―」と笑った。いまは瀧川鯉朝と名をかえ、マニアックな新作落語を作っている。面倒見のいい素敵な兄さんだ。

私の所属している落語協会にも〝夏の寄り合い〟がある。浅草寺を浴衣姿でお参りしていると、暗そうな顔した若者がデジカメを持って「写真を……」と寄ってくることがある。「あいよー」とピースしたり、ツーショットを撮られたりしていると、22年前の上野動物園の日焼けを思い出す。

ところであのオカメインコのTシャツ、なんで買ったんだろう？　それは思い出せない。

（２０１６年8月号）

29

高田文夫のラジオビバリー昼ズ

1989年4月～現在　ニッポン放送　月曜日～金曜日11時30分～13時

「ビートたけしのオールナイトニッポン」の放送作家として、「合いの手」を入れていた高田文夫は、その当時からトークのセンスに注目されていた。景山民夫との放送作家コンビで『とんでもダンディー・民夫くんと文夫くん』という番組を担当していたこともある。今では30年以上続く昼の帯番組として、その名前が冠されている異色のパーソナリティだ。番組開始当初はタレントの松本明子とかけあいが注目されたが、アシスタントが替わり、コーナーなどが変わり、そして高田文夫自身が原則週2日しか出演しなくなった。とはいえ出演もするプロデューサーとして機能していて、日本のお笑い文化、そして歌謡や芸能を俯瞰し、才能を発見して世に送り出すその姿勢は、ずっと番組で貫かれている。看板パーソナリティに頼らない、という珍しい番組といえるだろう。

浪人生、大学生の頃

《第30回》

豊田くん（仮）と小俣雅子問題

浪人生だった頃のはなし。

平成8年。大学受験に失敗し駿○予備校に通い始めた私に、豊田くん（仮）という浪人友達が出来た。

豊田くん（仮）は髪は短髪、いい具合に太っていて、血色がよく、基本ニコニコ笑顔なのだが、おとなしくて人見知り。『ズッコケ三人組』のモーちゃんタイプの内向的な好青年だ。

豊田くん（仮）とは初日に教室の席が隣になり、昼休みにひとりで行ったラーメン店・珍來でも偶然隣席に。「あ……どうも」「……あ……これはこれは……」となんとなく口をきくようになり、そのままほぼ1年間、ランチタイムを彼と過ごすことになったのだった。

お互い自己紹介もちゃんとしていない。過去の経歴も知らない。下の名前すらも聞いてない。ただ昼休みに「珍來」と「坂内ラーメン」に1日おきに通い、2人でぬぼーっと話すだけ。

会話の内容は主に、プロ野球、大相撲、大河ドラマ、朝ドラについて上っ面を撫でるような浅いトーク。勉強については一切話さない。女子や恋愛についてなど、何をかいわんやである。

「いま、セ・リーグに足りないのは平光清審判だ」とか「『秀吉』の段田安則→滝川一益はナイスキャスト」とか「智ノ花は力士としては短命かもしれないが、きっといい親方になるにちがいない」とか。ボンクラにもほどがある話題を肴に、2人で何日も大盛りチャーハンを食べて過ごした。

坂内ラーメンの有線で川本真琴の『愛の才能』が頻繁に流れていた頃。

「……いいねぇ、これ」「うむ、いいねぇ」「……なんて唄ってるんだか聞き取れないけど、いいねぇ……」「顔、見たいね」「どんなんかねえ？」

翌週の月曜日。「先週のミュージックステーション……」「見たよ！　かわいいねぇ」「あんな歌詞だったんだね。ボクは半分以上間違えて聞き取ってたよ」「ショートカットだったよ」「ギターの方が大きく見えたよ」「真琴が『アウッ!!』って叫んでたよ」「ギターになりたい」「ピックになりたい」「弦になりたい」「ストラップになりたい」「いや、川本真琴になりたい‼」２人して川本真琴を熱く語り過ぎて、固焼きそばがすっかりふやけてしまった。

珍來に行くといつもラジオから『吉田照美のやる気MANMAN！』が流れていた。13時台の「やる気大学」のコーナー、アシスタントの小俣雅子の締めの文句「おまた、まーたまた今日もひとつおりこーさんになっちゃったものなーぁ」を聞いてからお会計がお決まり。

冬がきた。受験生はいよいよ志望校をしぼる頃。珍來で豊田くん（仮）は思いつめた様子。「あのさ」「なに？」「……小俣雅子の顔って、見たことある？」受験の悩みでも相談されるのかと思いきや、いつものボンクラクエスチョン。

「あるよ」「どんな感じっ⁉」「んー……ブスじゃないな。かわいらしいタイプかな？」と私は適当に答えておいた。

しばらく豊田くん（仮）は「小俣、何かテレビに出てる？」としきりに聞いてきた。私が「ちょっと昔は朝のニュースとか出てたよ」「まじか⁉　見たいなぁ‼　小俣の顔」すっかりご執心だ。

そのまま冬休みに入り、大学入試になり、豊田くん（仮）とは会うこともないまま2月になった。豊田くん（仮）は合格したのだろうか。3月某日。予備校のロビーで豊田くん（仮）が隣に腰かけてきた。

「おー、久しぶり。どうだった？」と聞けば「第一志望受かったよ」「それはよかった」「見たよ」「なにを？」「小俣」「……え‼　どうだった？」「おばさんじゃないか」「……声でわからなかったか？」「それはいいんだが……お袋に似てた」「ははは、そうなんだ」「うん、でもね……ボク、まんざらでもないんだよ……いま、悩んでる……」

その日は珍來で、結果的に最後となった大盛りチャーハンを2人で食べた。なにを話したかはまるで覚えてない。そういえば豊田くん（仮）の第一志望も聞いてなかった。ひょっとして「やる気大学」だったのかしら。

いまだに大盛りチャーハンを見ると小俣雅子さんの顔が頭に浮かぶのだが、豊田くん（仮）の名字、ことによると豊原だったかもしれないということにここまで書いて、いま気がついた。

（2015年12月号）

((30))

吉田照美のやる気MANMAN!

1987年4月〜2007年3月　文化放送　月曜日〜金曜日　12時57分〜16時

『セイ！ヤング』や『てるてるワイド』などの若者向け番組で人気を博し、文化放送のアナウンサーからフリーへと転身し、テレビにも進出した吉田照美が、午後の大人向けのワイド番組の担当として古巣にカムバック。同じく文化放送で1年後輩のアナウンサーだったにもかかわらず共演はほとんどなかった小俣雅子とコンビを組んで20年間、深夜のノリをそのまま午後帯に持ち込み人気を博した。ちょっとドジな小俣をからかう吉田と、絶妙の返しというコンビネーションが基本。看板コーナーは小俣が裏声で女子大生役を演じ、吉田「教授」の下で雑学を学ぶという「やる気大学」。それ以外にもニュースより芸能や日常生活など「下世話なネタ」を局アナも含めて、さまざまなコメンテーターとの丁々発止のやり取りも魅力だった。

第31回

再会した『ラジオ深夜便』のアンカーさんと私

この春からNHKラジオ『ラジオ深夜便』のコーナー『ミッドナイトトーク』のレギュラーゲストをつとめている。奇数月の第一火曜日にパーソナリティ（深夜便では「アンカー」と呼ぶ）と2時間のトーク。私以外の曜日ゲストはジュディ・オング、岡田武史、市毛良枝、辰巳琢郎、土井義晴……。さすが『深夜便』、重厚な布陣。私が最年少だ。私のような若造が交じって大丈夫なのか。打合せに現れた火曜日担当のアンカーはスポーツ中継の大ベテラン・工藤三郎アナ。「はじめまして、工藤です」「……ん？　あ！　あの工藤さんっ‼」そうだ……私と工藤アナは初対面ではなかった。

23年前のはなし。

大学1年の私はバイト先を探していた。何か楽に稼げるバイトはないものか？　ある時、落研の先輩が「野茂のバイトせえへんか？」と聞いてきた。「野球観て、タクシー乗れて、1回1万円もらえるめっちゃボロいバイト！」何でも大リーグに移籍した野茂英雄選手の登板試合の中継がNHK－BSで始まるらしく、そのお手伝いのバイトだという。「やります！」1万円に目が眩らみ、タクシーにも乗りたい。19になるまでタクシーなんか2、3回しか乗ったことがない。

大リーグの生中継なので深夜に出勤だ。バイト初日、タクシー券を渡され「朝4時集合な！」と言われた。タクシー券……バブル絶頂期、人はこれを車道にはためかせてタクシーを拾ったと聞く。これさえあれば何でも出来る魔法の紙だ（嘘）。「夜中にチケットでタクシーに乗る」という超東京人な行為にテンションが上がりまくる。タクシーのカーラジオからは文化放送の『走れ！　歌謡曲』が流れている。「あのー、NHKにしてもらっていいですか？」『ラジオ深夜便』に替えてもらう私。もちろん19歳にとって『深夜便』は物足りなくて、ただ陰気な古臭い番組だったが、そこはそれ、NHK様に義理を立てるため聴かにゃなるまい。

スタジオの「サブ」と言われる部屋の角に私の席があった。小さいモニター画面がひとつ、机に赤いスイッチボタンがひとつ載っている。「画面にストライク・ボール・アウトのスーパーを出したり消したりするのが君の仕事だから！」マサ斎藤似の強面ディレクターが言う。要するにバッターとピッチャーが相対するカットではスイッチを押してスーパーを出す。バッターが打って引きのカットになったらスイッチを押してスーパーを消す。それだけの仕事。ＴＨＥ・単調。

深夜帯＆野茂以外は知らない選手ばかり＆そもそもそんなに野球に興味のない私……は睡魔との戦い。「早く出せよーっ！」「いつまで出してんだーっ！」髭面の獄門鬼の怒鳴り声がサブの中で響く。「それくらいなぜすぐ出来ないっ！」自分でもそう思う。いや、眠くなきゃ出来るはずなんだ。太ももに爪楊枝を刺しながらスイッチを押し続けた。途中、爪楊枝とスイッチ、どちらがどちらかわけがわからなくなる事態に陥りズボンにポツポツ穴だらけ。

なんとなく慣れてきた頃、急にフロアーディレクター（いわゆるＡＤ）をやれとの指令。「手が足りないんだよ。ま、言われた通りにやればいいから」とマサさん。インカムをつけてスタジオへ。不安しかない。スタジオには解説の日本人初の大リーガー・マッシーこと村上雅則氏と実況アナ。カメラの脇にかがんで、サブから出た指示を2人に伝えるのが私の仕事だ。

初ＦＤの試合は3時間くらい。それが3カ月ほどに感じられた。カンペ出し間違え。キューの振り間違え。ケーブルにつまずきすっ転ぶ。右のイヤホンからはマサ斎藤の罵声。

「すいませんっ‼」と返事してしまい私の声が放送にのってしまった。左耳からはカメラマンからの舌打ち。「ああ、早く終わってほしい……」。ニュースが挟まる休憩時間にアナウンサーがこわばった顔で近づいてきた。ひっぱたかれるのかと身構えると「大丈夫、大丈夫。落ち着きましょう」と一言。それを聞いたとたんに半泣きになる私。「……はい、ありがとうございます」

23年経って工藤三郎さんにお礼。「いやいや、そんな縁があったとは……私なにか失礼なことありませんでしたか⁉」とんでもないです。お世話になりました……と恐縮しつつ、なんとか初回を終え、1時過ぎにチケットを頂き帰りのタクシーに乗り込む。ラジオからはまだ工藤さんの声が流れている。

41歳になり『深夜便』のよさがわかるようになる……どころか、『深夜便』で喋るようになるとは、19の私が聞いたら驚くだろうな。ちなみに工藤さんが『深夜便』のアンカーに選ばれたとき、義理のお母さんが涙を流して喜んだらしい。オリンピックの開会式の実況をしてもなにも言われなかったのに……。どんだけだよ『ラジオ深夜便』。

（2019年7月号）

((31))

ラジオ深夜便

2011年～現在　NHK第1　毎日23時5分～翌朝5時

番組自体の成立や当初のコンセプトについてはP194を参照いただきたいが、内容についてはかなり長く続く間でかなり変化がある。昭和歌謡といっても戦後まもなくの選曲が中心だった開始当初と現在では全く違うイメージ。「ミッドナイトトーク」というコーナーの出演者や「ロマンチックコンサート」における洋楽の選曲などがその例だ。そしてアンカーと呼ばれる番組のメインパーソナリティの顔ぶれもまた変化があった。本文中にあるように工藤三郎は、スポーツアナの中継の大ベテランで、役を目標とするNHKの後輩アナウンサーは多い。民放ラジオにおける編成部は全番組の並びに責任を持っているが、NHKラジオは、第1、第2、FM、国際放送でそれぞれ違うシステムで動いている。そんな中での長寿番組は、老舗の味と同じく、表面ではわからない進化がある。

((第32回))

モーガン仙人と『荒川強啓デイ・キャッチ!』

大学3年のころのはなし。

世間が「ミレニアムだ!」と騒いでいた暮れが過ぎ、あっけなく当たり前な新年が来た。

「楽な仕事で日給1万だけどどう? やるなら数日分の着替え持ってきて」

先輩に誘われ、二つ返事で1月某日の朝9時に某海岸埠頭に向かった。2階建てのプレハブが5棟も建っていた。

「都内の公園で暮らしている皆さんがこれから大型バスでやってきます。皆さんにはその方々のお世話をして頂きます。まぁ、へり下ることはありませんが丁寧に常識的な接し方をして下さいね!」と、吹越満似の担当者が説明した。それを聞くのは私を含む20〜40代の目のよどんだ新入り数名。

ホームレスにとって冬は試練の季節。抽選で当たった人は1週間その宿泊施設に泊まれるらしい。三食風呂付き、大部屋だが暖かい布団もある。そんな施設があるとは、ここに来るまでちっとも知らなかった。

離れの別棟にはバイトが住み込んでいる。同じく大部屋で、ホームレスの皆さんと同じ食事に布団、風呂は違ったがほぼ同じ待遇。

仕事内容は室内外の掃除、食事の配膳、布団の上げ下ろしなど。楽な仕事だ。働きたい期間は希望制で、ひと冬の間住み込んで大学の卒論を仕上げて行く前向きな猛者もいるらしい。

バイトの大部屋を覗くと7、8人の男性が布団の上でゴロゴロしていた。皆、もれなくイヤホンをしていて、マンガや文庫本を読んだりプレステをしたり、ただ宙を見つめているだけの者もいる……部屋にはまるで会話がない。「ハキダメ」「フキダマリ」という言葉が頭に浮かんだ。

朝11時に新宿中央公園から大型バスがやってきた。よれよれのジャージ姿のバイトが「こんにちはー」とマニュアル通りに迎える。ホームレスの皆さんは予想外にこざっぱりしたナリであった。やはり外出（いつも外だけど）ともなると、身なりにも気を遣うのだろうか。バイトの方がよっぽど薄汚れている。常連なのか「また当たったよー」など軽口をたたく人もいる。みな一様にホッとした表情だ。

まず風呂に入ってもらって、着替えを支給。それから昼食。仕出しの弁当を配る。空の弁当箱を回収して、部屋に掃除機をかけて、布団配って昼の仕事は終了だ。でもだいたいの人は「自分でやるから」と言って手が掛からない。だから、バイトはほぼやることがない。これで1万円では不労所得だ。

その日の午後、「これから来るバスに仙人が乗ってるらしい」とみなが噂している。「仙人＝汚れが酷い」の意。

モーガン・フリーマン似の仙人はだいぶ高齢だった。仙人には申し訳ないがジャンケンをして負けた者が入浴のお手伝い。仙人は「ありがとーなー、ありがとーなー」と申し訳なさげに繰り返したが、私はジャンケンに勝って心底ホッとした。ごめんよ、モーガン。

夕方、再び弁当を配りに大部屋へ行くと4、5人で一つの携帯ラジオを囲んでワイワイ語らっている。ラジオからは途切れ途切れに『荒川強啓デイ・キャッチ！』が聞こえる。「何言ってんだ！」「いや、理屈はわかる」「こいつは何もわかってないなぁ」ゲストコメンテーターの宮台真司についておじさん達が喧々囂々。

布団にもたれていたモーガン仙人が「俺は……声が……嫌だ」とポツリ。みんなにはそのか細い声は届かなかったようだ。私は「そうですか？　嫌いですか？」と聞き返すと「うん、声がね……言ってることは……よう、わからん……」と仙人。「ありがとーなー」と冷たい仕出し弁当に箸を付け始めた仙人に、私は「ごゆっくり」と声をかけた。

バイト部屋に戻ると、相変わらずみなゴロゴロしている。鼻を利かせると、この部屋の方がへんてこな臭いがした。イヤホンして布団につっぷしている隣人の携帯ラジオを見るとチューニングはAM954。なんだ、ひとりで強啓聴いてんのか。

1週間ほどそこに居ようかと思っていたが、なんだかんだ思うところがあり、私は次の日帰ることにした。もらった日給でひとり鍋をした。作り過ぎたキムチ鍋を食べ終えたのは2日目の夕方だった。

ラジオをつけるとやっぱり強啓が喋っていた。

（2016年1月号）

32

荒川強啓　デイ・キャッチ！

1995年4月〜2019年3月　TBSラジオ　月曜日〜木曜日15時30分〜17時50分

「聴く夕刊」というキャッチフレーズで、テレビでお馴染みのワイドショーのスタイルでありながら「報道のＴＢＳ」の矜持を示す6000回以上も続いた長寿番組。単にパーソナリティが、個人的な感想を述べるタイプのラジオではなく、ストレートニュースを中心に据え、都内で街頭アンケートやリスナーの投票でニュースをランク付けする、というスタイルをとった。系列局や新聞も含めた報道記者との現場取材のレポート、小西克哉、宮台真司などをはじめとする「スタジオデイキャッチャー」と呼ばれる気鋭のコメンテーターなどが思いきった発言をすることで、幅広い意見を拾う硬派なスタイルだった。荒川強啓自身が自らを「ワタクシ」というあたりも、信頼を大切にする昔ながらのアナウンサー気質がにじむ背筋が伸びた番組だった。

第33回

成人の日の私と彼女と『えのきどいちろう意気揚々』

20歳のときのはなし。

成人式は雪だった。その年の1月15日は関東地方では何十年ぶりの大雪で、たしか膝まで積もっていた気がする。

朝、当時付き合っていた同い歳の彼女の家にいた。帰省して成人式に行くつもりなんてなかったくせに、2人して雪を免罪符にこたつで丸くなる。ラジオからは『えのきどいちろう意気揚々』on JOQR・文化放送。

私「俺、大人になったらさぁ……」

彼女「いやいや、もう大人だから……」

私「えのきどさんみたいになりたいなぁ、タモリ倶楽部とか出ちゃってさ。楽しそうだよねー。好きなことだけやってご機嫌に生きていきたい……」
彼女「前言撤回。そんな妄言を吐く人間は大人ではない」
私「わかってるよ、だから『大人になったら……』っつってんじゃん！　ハタチになっても俺はまだまだ子供でいたいんだよ！　赤ちゃんに戻りたいよ！　この際、大人になったら赤ちゃんになりたいなぁーっ!!（ピルクル〈乳酸飲料〉を飲みながら）」
彼女「今すぐ死ねば輪廻して赤ちゃんになれるかもよ……トイレのコバエになるかもしれないけど……」
だらだらと時が経つ。ラジオのえのきどさんは赤ちゃんの話。
え「……僕の父親は小学校に上がるまで、母乳を飲んでいたらしい……」
彼女「……聴いた？　あり得ない!?」
私「んー、ちょっと信じられないな」
え「……6歳になったときに、もうこんな不味い飲み物は卒業しよう！　と決心してやめられたそうで……」
彼女「意志を持って母乳をやめるって、凄いね……」
え「……まさかと思って祖母に確かめたら、ホントでした……」
私「6歳の子って100センチくらいはあるよな。そんなプチ人間がおっぱいに吸い付いている画ヅラってけっこう衝撃的だよな……」
彼女「しかも吸引力凄そう……」
私「6歳って頑張ればバーモントカレーの中辛食えるもんな。つーか、母乳って吸い続ければ出るんだね……俺も3歳まで飲んでいたけどさ……（遠い目でピルクル飲む）」
彼女「え⁉　今なんて言った？」
私「3歳半までおっぱい飲んでたよ。家族で上野動物園行ったとき、木陰で飲んだの覚えてるよ。恥ずかしいから親父のジャンパーを頭からかぶって飲んだなぁ……懐かしい……」
彼女「3歳？　……覚えてるの？」
私「うん。最初の記憶というわけじゃないけどね」
彼女「いやいや、せめて最初の記憶であって欲しいわっ‼　……せいぜい2歳までには乳離れするでしょっ‼　身近にそんな人がいるなんて信じらんないっ」
その日は大喧嘩である。晴れの成人式の日に、「乳離れが遅い」と彼女に罵られる。頭にきたので大雪の中、近所のファミマへピルクルを買いに行った。
帰宅すると、えのきどさんはフォアグラの話をしていた。
私「フォアグラってガチョウの肝臓だよね」

彼女「ブタでしょ?」

私「は⁉(笑) 何言ってんの! ガチョウに無理やりトウモロコシ食わせて肝臓太らせるんだよ!」私は広辞苑を開いた。「ほーら! ブタなもんか! ガチョウって書いてあるし!」

彼女「……3歳までおっぱい飲んでた男が何言ってんだよ! バーカ‼」

また喧嘩になった。午前中に2回戦。梶原しげるを聴いていても喧嘩になったことはないので、えのきどさんとは相性が悪いみたいだ。

結局、この彼女は今のかみさんなのだが……上野精養軒で行った結婚パーティーではコース料理でフォアグラが出た。供養だ。

窓の外には上野動物園。私が最後に母乳を飲んだと思われる地。

パーティーが終わって、帰宅。労をねぎらいつつ、かみさんが言った。

「控え室でお義母さんに聞いたんだけどね……あなたがおっぱい飲んでたの、3歳半じゃなくて4歳半までだったってさ……」

私は疲れた身体を奮い起こして、近くのローソンにピルクルを買いに走った。母乳の味など忘れてしまったけど、ピルクルが好きなんだ……。


(2017年1月号)

33

えのきどいちろう意気揚々

1996年4月〜2000年3月　文化放送　月曜日〜金曜日8時30分〜11時

1993年から『吉田照美のやる気MANMAN！』のコーナー「マイクサイドボクシング俺に言わせろ」に出演してきたえのきどいちろうが、文化放送の看板アナウンサー水谷加奈とコンビを組んだ生ワイド番組。大学在学時に『宝島』にてデビューをして以降、コラムニストとして活躍。TOKYO FM、J-wave、TBSラジオなどでも番組を担当し、今もコメンテーターとして多数の出演がある。サブカル界の人気作家という立場から、他局のいわゆる「あるあるネタ」とは一線を画した切り口で、深夜放送のような尖った笑いを繰り出す番組で、リスナーとの電話によるコミュニケーションもメインだった。西武ライオンズのナイター中継をウリにする文化放送で、自らがファンの日本ハムファイターズのコーナーを展開したことは特筆すべき事実。

第34回

布団の中の私と、午前5時のつかちゃん

中3と大3と落語家になってからのはなし。

中学の頃、いつも夜と朝のあいだには『君が代』が流れていた。午前4時57分にオールナイトニッポンの二部が終わると、5時の時報の前に荘厳なオーケストラで国歌の演奏が始まる。中3とはいえど身が引き締まるというか、畏怖を覚えるくらいのインパクト。今思えば、さすがフジサンケイグループだ。

その頃私は、好きなパーソナリティはオンタイムで、そうでもない人も録音しANN一部二部の全部を聴いていた。

改めて5時に布団に潜り込み、7時の朝食までの2時間は布団のなかで『朝からたいへん！　つかちゃんでーす』を子守唄代わりに聴くのだが、つかちゃん（塚越孝アナ）はな

かなか私を寝かせてくれない。

つかちゃんは熱い。朝には若干トゥーマッチな喜怒哀楽でニュースを伝え、ハガキを読み、ラジオショッピングでは健康食品を薦める。一時期は飲尿療法まで熱く推奨・実践していた。朝なのに飲尿……否、朝だからこその飲尿か。そうかと思うと「エッチなハガキのコーナー」なんてのをぶっ込んできたり、つかちゃんが中国訛り（ほぼゼンジー北京の物まね）でリスナーの考えたなぞかけを読む「なぞかけ中国人」という直球なコーナーがあったり……俺を寝かせてくれよ、つかちゃん。

最終回のあと、私は立派な「つかロス」だった。中学3年間の朝の私は、つかちゃんとともにあったのだ。

「聴いてました！　先生のラジオっ！」

大学3年の春、あのつかちゃんと話が出来るとは思わなかった。つかちゃんが母校・日大芸術学部の非常勤講師で1年間講義をすることになったのだ。

つ「嬉しいなぁ。いつ聴いてたの？」

私「中学生のときに毎朝」

つ「家族で？」

私「いや、学校行く前に布団のなかでひとりで」

つ「変わってるね……サークルは？」
私「落研です」
つ「噺家志望？」
私「とんでもない!!」
つ「私も落語好きでねぇ。噺家になろうかと思ったこともあるんです」
私「知ってます」
つ「あぁ、リスナーだもんね。まぁ1年間よろしく！」
講義が終わり学生達はドンドン教室から出ていく。〈おい、みんな。ここにつかちゃんがいるんだぜ。「昼なのにたいへん」なことになってるんだぜっ!!〉
期末に「自分史を書く」という課題が出た。締めに「『朝からたいへん！　つかちゃんでーす』のおかげで今の私がある……」と綴ったら2単位もらえた。
噺家になって何年かして、つかちゃんと再会した。ネットコンテンツ『お台場寄席』の案内役と出演者としての共演だ。その頃はライブドア事件の後で、つかちゃんはもうすでに、フジテレビの事業部所属だったはず。
私「塚越さん、覚えてますか？」
つ「え？　あ！　落研の!!　噺家になったんだぁ……いいねぇ、頑張ってください！」

私「ありがとうございます‼」

それから度々ご一緒させて頂き、2012年の私の真打披露の寄席にも来てくださったのだ。

塚越さんが天国へ旅立ってしまったのは、その数カ月後だ。そりゃないよ……つかちゃん。

つかちゃんの気持ちはわからないけども、私は講師やフジテレビのつかちゃんより、ニッポン放送の「まるくてほがらか」なつかちゃんが一番好きだ。

とかく中学生の朝はナイーブなもの。「眠い、かったるい、行きたくない、やめたい、死んじゃいたい……」当時の私はつかちゃんのおかげで学校に行けてたんじゃないか、と思う。

永遠の「つかロス」に陥って4年。つかちゃん、あちらで玉置宏さんとベイスターズの応援してるかな。念願だった噺家になってるかもしれない。4年ならもうすぐ二つ目に昇進する頃だ。つかちゃんの落語、聴いてみたかった。きっとまるくて、ほがらかな、軽くて、熱いはなしっぷりにちがいない。


（2016年6月号）

((34))

朝からたいへん！　つかちゃんでーす

1986年4月〜1993年4月　ニッポン放送　月曜日〜金曜日　5時〜7時

つかちゃんは塚越孝アナ、77年にニッポン放送入社。ヤングタイムを担当していたときは、放送では「塚たんくろう」という名前で登場していた。くり万太郎、はたえ金次郎とともに男性アナ「マンキンタン」トリオと呼ばれニッポン放送の看板アナウンサーの一角として活躍した。番組タイトルは開始時のニッポン放送の年間キャンペーン「もぉ！たーいへん」にちなみ、「丸くてほがらか塚越孝、つかでございます」という自己紹介ではじまる番組は、自身が担当していたこともある『オールナイトニッポン』の雰囲気を踏襲している。自他共に認める落語好きということから、話芸についてはひと一倍こだわりがあって、トークの緩急は素晴らしく、91年には同番組が日本民間放送連盟賞ラジオ生ワイド部門優秀賞を受賞した。2012年、異動していたフジテレビ局内トイレで自死。惜しまれる。

落語家になってから

第35回

『大沢悠里のゆうゆうワイド』と仕事のない私

私が28歳のときのはなし。

前座から二つ目に昇進し、晴れて修業から解放された。すぐに結婚をして子供が生まれた。自由と家族は手に入れたが、肝心の「仕事」がまるでない。

かみさんは産休が明け仕事に復帰したが、私は果てしない「育休」に突入してしまったようだ。平たく言えば私は「ヒモ」であった。

朝、ようやく首の据ってきた息子とかみさんを送り出す。「行ってらっしゃ〜い」と無理矢理に手を振らせると、息子はとても不快そうな顔をした。「アベコベだろが！　お前が行けよ！（怒）」と眉間が言っている。

機嫌をとろうとEテレを観せる。8時10分から始まる、デカい犬と頭の弱い宇宙人と幼女が戯れる番組（『いないいないばあっ！』）。これを観せておけば朝からの家事がはかどるのだ。洗い物をしながらチラチラと息子を見ると、うつ伏せでスーパーマンのようなかっこうで手足をピョコピョコ動かしている。正直、かわいい。そして思う。「替わってくれないかなぁ……楽でいいな、赤ちゃん」

犬の番組が終わり、ラジオをつける。『大沢悠里のゆうゆうワイド』の♪らーらららー……という爽やかなオープニングテーマにのって息子はゴロリと寝返りをうった。

「あ、金曜日か……」パートナーが「さこみちよ」だった。仕事がないと曜日の感覚もない。

一晩中、ベランダに干しっぱなしだった洗濯物を取りこむ。洗濯物の山からおもむろにかみさんの下着を畳む。上手くなったもんだ、と自分でも思う。パンツの両サイドを内側に折り、下からクルクルと巻きあげ形を整える。たくさんのお稲荷さん型のパンツを色の濃い順にタンスにしまう。左端が黒、右端がベージュ。

「あれ？　ひとつ足りない」ふと見れば、息子がパンツをエキスパンダーのごとく引っ張ってじゃれていた。ラジオからは「お色気大賞」が流れている。息子、刺激されたか。さこみちよの笑い声が部屋に響き渡る。

「嫌味がなくていいよね、さこ姐さん。ラジオショッピング、今日はタラコか……美味しそう、食べたいね……」私の独り言に息子はキョトンとするばかり。

蝮さん（毒蝮三太夫）のコーナーが始まった。下駄がカラコロ鳴っている。

「今日は○○区○○町○○豆腐店からだよーっ!! 年寄りが佃煮にするほどわいてきたなぁー!!」

「え？……近っ⁉」直線距離で100メートル。「マムちゃんに会いにいくか？」息子はなんとなく頷いたような気がした。

ベビーカーを押しながら「子連れで蝮さんにいじられたらいい宣伝になるなぁ」なんて計算高いことを考えている自分がちょっと嫌だった。

豆腐店の前は黒山の人だかり。確かに佃煮にするほどの高齢者。店の奥から蝮さんの声が響く。

「おー、そうか⁉ お前、噺家かー!!」ドキッとしたが、蝮さんと私の間には無数のジジイババア。明らかに私には話しかけてない。

「悠里ちゃん、こいつ桂○○って噺家!! 近所に住んでるんだって。売れなそうなツラしてらぁっ!!（笑）」○○兄さんだった……。たしかに近所だ。

悔しいような、ホッとしたような……私はなんとも言えない気分で引き返した。

6年後、私は真打に昇進し、ありがたいことに『ゆうゆうワイド』にゲストとして出して頂いた。その日のラジオショッピングは「タラコ」ではなく「介護用の便座」だったが、悠里さんに促され座らせて頂いた。

「素晴らしい座り心地ですねーっ！」ヨイショではない。本当に心地よかった。

ＣＭの間、悠里さんは「昔はよく噺家さんと一緒に旅したもんだよ。懐かしいなぁ……」と遠い目をした。

恒例の番組のジングルはあまり上手く歌えず、放送中に○○兄さんから「ヘタクソ」とメールがきた。「次は上手く歌いますよ」と返信したが、その機会はないままになってしまったなぁ……。

悠里さん、長い間お疲れさまでした。そして、蝮さん。新番組でもまたあの豆腐店に来てください。

そしたら、○○兄さんはまた駆けつけるだろうな。私も10歳になった息子と行ってみようか。

（２０１６年4月号）

((35))

大沢悠里のゆうゆうワイド

1986年4月〜2016年3月　TBSラジオ　月曜日〜金曜日8時30分〜13時

ポール・モーリアの『はてしなき願い』のオープニングではじまるTBSラジオを代表する長寿番組。名物コーナーは何といっても前身の番組から続くアシスタントのさこみちよと共に、リスナーからの投稿にツッコミを入れる「お色気大賞」。下ネタの許容範囲が厳しい時代から、何とかかいくぐって続いてきた伝統芸だ。そして毒蝮三太夫がラジオカー「TBS954」に乗って都内の商店街やスーパー店頭などを巡る「ミュージックプレゼント」。中継先に近隣から集まってくる高齢リスナーに「クソババア」「そろそろ御陀仏」なども容赦ない言葉を浴びせて、一同大笑いで盛り上がる。スタート当時は批判もあったが、そんな容易に真似ができない唯一無二の企画を、ほんわかとしたソフトタッチの語り口で吸収してしまうのが、下町出身の大沢悠里の包容力である。

((第36回))

はぶ三太郎と私の午前中の洗濯干し

2016年の晩秋のある日のはなし。

平日の午前中、私は洗濯物を干していた。小型ラジオでTBSの『伊集院光とらじおと』を聴きながら。春からのルーティンだ。この番組のみならず、TBSはベランダで、木漏れ日を浴びながら、バスタオルを干しながら……。〝先の帝〟大沢悠里から帝位の禅譲が行われてまだ半年。だが〝新帝王〟は昼の民衆にも確実に支持され始めている。

とはいえ私には「お色気大賞」を聴きながら妻の下着を干していた頃が、いとおしく懐かしいのも事実。つくづく〝民衆（リスナー）〟はわがままで贅沢。

ベランダに居ると1階から電話の鳴る音が聞こえた。電話の主には申し訳ないが、スルーして洗濯物を干し続ける。

20分後、リビングに降りると留守録のボタンが点滅していた。

とりあえずパソコンでラジコを起動させて『ジェーン・スー 生活は踊る』を。毒蝮三太夫の声。すでに「ミュージックプレゼント」のコーナーが始まっていた。

蝮さんとスーさんの掛け合いもようやく慣れてきたかな……と、何気なく留守録の再生ボタンを押すと、物凄く低姿勢だが軽やかな中年男性の声。

「はじめまして。一之輔師匠のご自宅でございましょうか？　突然のお電話失礼致します。私、毒蝮三太夫のところの、はぶ三太郎と申します……」

電話の主は、はぶ三太郎（敬称略）。「日本三大・三太郎」と言えば、魁三太郎（『コメディーお江戸でござる』）、『プロ野球入れ込み情報』の大洋ホエールズ担当）と三井三太郎（元漫才師、現在芸能リポーター）、そして言わずと知れた毒蝮三太夫の愛弟子、現まむしプロダクション社長にして、ラジオの巨人永六輔の懐刀、はぶ三太郎である。

永六輔が黄門様なら、はぶが助さん、外山惠理アナが格さん。永六輔が劉備なら、はぶが関羽、外山が張飛。もっと言うと、永＝バルイーグル、はぶ＝バルシャーク、外山＝バルパンサー。

そのとき、ラジコからは師匠毒蝮の声。電話からは弟子はぶの声。マムシとハブが我が家のリビングで絡み合っている。さながら、みんな大好きジャパンスネークセンター（群馬県太田市）の様相だ。

なぜ、はぶから私に電話が？　メッセージに集中すべくラジコを消す。ちょっとマムシ、黙ってて。

「……一之輔師匠にうちの毒蝮がプロデュースしている『マムちゃん寄席』にご出演頂けないかと思いまして、ついては……（ピー）」

『マムちゃん寄席』とは年に数回ほど開催されている、TBSラジオ主催の演芸会だ。存命中には永六輔氏がたびたびゲストとして出演され、〝現人神〟を拝もうと中高年リスナーが大挙するというまさに〝神イベント〟。

出演するか、しないか……答えはもちろんイエス！　TBSラジオリスナーは芸人にも多い。『マムちゃん寄席』はラジオ好き芸人の夢舞台だ。つーか、はぶさんがオファーの電話してくるのか……。びっくりしたな。

メッセージが途中で切れたため、肝心の日時がわからない。すぐに着信履歴を頼りにはぶ三太郎に電話。つながった。恐る恐る電話を取れなかったことを詫び、はじめましてのご挨拶。はぶ、案の定、物腰がなめらかプリン。柔らか過ぎる口どけだ。

しかし、あいにくスケジュールは都合がつかず……。「あぁ、残念ですね……またよろしくお願いいたします」とはぶ。お礼をして電話を切ったが、はぶと会話をした興奮でしばらくポーッとしていた。

さっきの電話はちょっと事務的すぎたな。ほとぼりの冷めないうちに、はぶの携帯電話にショートメール。「先ほどは失礼しました。また是非！　いつもラジオ聴いてます！　大好きです！」

勢いで送信してしまった。が、果たして良かったのだろうか？　押し付けがましくなかったろうか？　ガツガツした印象を与えなかったか？　はぶは私の愛を重荷に感じないだろうか？　また連絡くれるかな？　今、なにしてるのかな……？　こんな気持ちは何年ぶりだろう？　これが恋かしら？

あれから半年経ったが、はぶさんからの連絡はまだない。でもこれで良かったと思う。「マムちゃん寄席に出演」とは、ラジオ好きにとって越えてはならない一線のような気がする。

蝮さんやはぶさんとは、ベランダで会うだけの関係でいよう。その日の洗濯物は心なしか、乾くのが早い気がした。


（2017年6月号）

((36))

いち・にの三太郎〜赤坂月曜宵の口

2016年7月〜2017年3月　TBSラジオ　毎週月曜日　18時〜19時30分

『永六輔　その新世界』のリスナーとして永六輔から見いだされ、薫陶を受けバイプレイヤーとして活躍し、毒蝮三太夫の弟子でもある、はぶ三太郎がメインパーソナリティの番組。その後ナイターがない月曜日の夜に移動した『六輔七転八倒九十分』にも出演した。永六輔の体調不良による降板によって番組の企画や相手役の外山恵理アナウンサーなど、その雰囲気を継承しながら放送していた。はぶ三太郎は毒蝮三太夫のマネージャーであり、立川談志もかつて所属していた株式会社まむしプロダクションの現社長でもあり、TBSラジオとの協業演芸イベント『マムちゃん寄席』のプロデューサーとしても多面的に活躍。自らのライブラリーから持参したレコードをかけたり、人脈を生かしたさまざまな芸人をゲストに招いてのトークには定評があった。

第37回

タクシードライバーさんと私と『ラジオ深夜便』

2010年から、ここ最近のはなし。

この10月で私がパーソナリティを務めている『SUNDAY FLICKERS』（以下、サンフリ）というFM番組が7年目に入った。毎週日曜朝6時からの生放送。JFN（全国FM放送協議会）系全国ネットである。

前番組は梶原しげるさんの硬派な番組だったが、当時のプロデューサー（以下、P）の「若手落語家でなんかできねーかなー」というぼんやりした思いつきで始まった。

一応オーディションがあり渡された原稿を適当に読んだら、Pが「じゃ、あなたに決定で。まだ一之輔さんの落語聴いたことないんで、今度聴きに行きますね！」と笑った。聴いてからオファーしろって。ラフ過ぎる。

初めての番組忘年会のとき。Ｐはべろべろで現れて、勘定のとき「じゃ割り勘で！　５０００オールで！」とセント・フォース所属の女子アナにも割り前を払わせていた（ＡＤにも）。その後、そのＰはどこかに飛んでいってしまった……私の落語を聴かないままに。

番組はこんな調子で丸6年も続いている。自分で言うのもなんだけど、だらしなく下品な番組だ。ＴＯＫＹＯ ＦＭ（以下、ＴＦＭ）のビル内にあるのだが、『サンフリ』はＪＦＮ系列なのにＴＦＭのネットはなし。そう、東京で放送してるのに東京では聴けない。

朝、運転手さんは必ず気を遣ってカーラジオでＴＦＭを流してくれている。「ＮＨＫに変えてくださいい」「え!?……ＴＦＭに行くんですよね？」ネットしていないのだからＴＦＭに義理立てする必要はない。べつに厭味でなく東京では流れなくていい、と思っている。今のままなら心置きなく同業者の悪口や、朝からウンコだのチンコだの言えるのだ。ＴＦＭで流れるとなると、いろいろ束縛がきつくなるらしい。

私「『(ラジオ）深夜便』にしてくださいい」運「いいんですか？」60過ぎと思われる運転手さんはむしろありがたい、という感じで切り替えてくれる。

私「欽ちゃん、元気ですねぇ……」運「ほんと。ゲスト、誰ですかね？」流れてきたのは深夜便内の月一コーナー『萩本欽一の人間塾』。欽ちゃんが客前でゲストと一対一でトークする、いまや貴重な欽ちゃんの本気モードが垣間見える企画だ。欽ちゃんはゲストをいじりながらオバチャン客をドッカンドッカン笑わせる。欽ちゃんのパワーに押されて、ゲストの声が立ってこない。途中から聴き始めると、声だけではゲストを判別出来ないのだ。私「誰だろ?」運「誰でしょう?」最後に「本日のゲストは所ジョージさんでした」と、アナウンサーの声。「えー? わかんないなー、所さんかよ!!」

あるときは、アナ「……野口五郎さんでした」私「五郎!? あ、だからさっき三井ゆりの話してたのか!!」三井ゆりのエピソードを話す男性が誰だかわからなくさせるほどの欽ちゃんパワーなのだ。

またあるときは、アナ「……渡辺徹さんでした」運「わかりませんねー。ねづっちかと思ってました……」私「いやいやいや、そらないわー(笑)」

運転手さんとの4時半からの安らぎのひととき。

4時57分に深夜便はエンディング。時報の後、5時に始まるのは『NHKマイあさラジオ』。軽快な音楽とともに始まる、これぞ朝の生放送! というお手本みたいな番組だ。オープニングのお便り紹介も「先日、菊祭りに行ってきました…75歳・無職男性」とか「今日は娘の運動会、今ウインナー焼いてます……35歳・主婦」みたいな心温まるもの。

運「お客さんのラジオもこんな感じですか?」私「まぁ、そうです」嘘だ。その日のメッセージテーマは「喪失感」だった。日曜の朝からなんてネガティブ。「過去の栄光」とか「もう駄目だ……」なんてのもあった。

運「お客さんのラジオ、いつも聴けないんですよねー。TFMなんですよねえ?」私「へへ。こっそりやってるんですよー」面倒臭いので説明はしない。いつも5時5分にスタジオ着。『マイあさラジオ』を聴けるのはたった5分間だが、日曜朝にお喋りするものとして私は勝手に高市佳明アナウンサーを同志だと思っている。

頑張れ、高市。俺も頑張る。2人で日曜の朝を盛り上げていこうぜ。

（2016年11月号）

((37))

ラジオ深夜便

1990年4月～現在　NHKラジオ第1　毎日23時5分～翌日5時

365日放送の深夜番組。昭和天皇が重篤になり、その容態を定時放送終了後も随時報道し、クラシック音楽と時事ニュースを放送していたのがきっかけで、崩御後もこのスタイルを続けてほしいというリスナーの声を受け正式にスタートした。「静かな音楽を終夜流す」というコンセプトは、民放の賑やかで眠くならないために聴く番組と対極にあって、枕元で鳴っていても邪魔にならずいつでも眠れる、という特に高齢リスナーのニーズに寄り添うものとして新境地を開拓した。進行を務めるのは「アンカー」と呼ばれるベテランや退職したＮＨＫアナウンサーで、ファンのための月刊誌も発売され、そこからスピンアウトした企画本も多数。30年以上続いたことで、50代、60代といった世代にも訴求するゲストや特集内容になっている。

《第38回》

『SUNDAY FLICKERS』と「平成のさこみちよ」

ええ、一席申し上げます。「さこみちよを色気より食い気に走らせる憎い奴」と言えば「伊香保温泉・清芳亭の湯の花饅頭」と相場が決まっておりますが……。

ある日の高座、気まぐれにこんなマクラをふってみたが、オーディエンスはシーン……おやおや？　みんな『ゆうゆうワイド』聴いてないのか？　「湯の花饅頭」のCMの間はトイレに行ってるの？　「今のうちにトイレに行け」と乱一世に言われたの？　まさか、さこみちよをご存じない？

終演後、あるお客さんから「あのマクラのせいで、落語の最中にずーっとさこさんの『いい味出してるなぁ～、湯の花饅頭！』ってのがアタマの中をぐるぐる回ってえらい迷惑でした！」と苦情。なんだ、やっぱりみんな好きなんだ。さこみちよ。

大沢悠里のパートナーといえば、やっぱり金曜のさこみちよ。「お色気大賞」での悠里さんの暴走をゲラゲラ笑いとオバサン関西弁で絶妙にコントロールする人間管制塔。パートナーなのに脇に回り過ぎない個性。そりゃ清芳亭もCMに使うよね。

私もJFNにて『SUNDAY FLICKERS』(通称・サンフリ)というFMラジオをやって10月で丸7年。今までパートナーが5人代わった。

みな結婚・出産、「慶事」で卒業していく。局には「サンフリパートナーになると伴侶が見つかり、すぐに身籠る」というジンクスが出来たくらいだ。

去年の8月から5代目パートナーは元・日テレのフリーアナウンサー阿部哲子さん(通称・アベちゃん)に。長くつとめて欲しいので、私と同じ年まわりで既に家庭がある方にきてもらった。「今まで『慶事』で短命なので末永くよろしく(笑)」「問題なしです!」

アベちゃんは基本ゲラだ。とにかくよく笑う。38歳にして「さこみちよ笑い」。笑ってくれるとこちらもノってくる。

ただ笑うだけでなく、その後の「返し」がちゃんとある。「返し」のバリエーションも(突っ込む)(乗る)(すかす)(引く)(ただ笑い続ける)などなど、豊富。

以前、リスナーからの「風俗嬢に貢いだエピソード」のメールを読んだあと、「私は彼氏に百万貢いだことがある!」と、頼んでもないのに遥かにその上をゆく打ち明け話をし始めた。なにそれ？　サービス精神？

斉藤由貴の「パンツかぶり不倫」のときは、「私だったらかぶられるくらいなら、相手のパンツをかぶってみせる！」と、これまた頼んでもないのに宣言。女子アナなのにサービス過剰。ホントにかぶってるんじゃないか？

アベちゃんはあまりモノを知らない。けして無知ではないが、「のめり込んだものがないので、そういう人が羨ましい」そうだ。スピッツが（大好き）らしいが3つしか曲名が言えなかった。「好き」に対して極めて大雑把。興味のあるものには食いつくが、そうでもなければそれなり……。嘘はつかないので憎めないが、ツッコミどころ満載。

要するにおばちゃんなのだ。気取らないおばちゃん感覚はラジオと相性がよい。アベちゃんは『平成のさこみちよ』と言ったら言い過ぎか（さこさんも平成に生きてるのは承知の上で）。

昨年の初回を終えて「これなら10年は出来るなあ……」と思った。長い付き合いになるかと思いきや、この夏に「卒業したい……」という。1年2カ月で卒業ってどんな専門学校だ。「問題なし！」じゃなかったのか？

理由を聴けば……「離婚」！　子供がいるので、日曜の朝6時からの生放送は厳しい。子供との時間にあてたい……という。ウィークデーはテレビのレギュラーがある。子供とふれ合えるのは日曜だけだ。

今までのジンクスを星一徹ばりにちゃぶ台返していくところが、アベちゃんらしくてよい。もちろん我々も快く送り出そうじゃないか。

「『慶事』でなくて『民事』で卒業！」ステキなキャッチフレーズとともにアベちゃんはサンフリを卒業していった。

私は最終回のさよならメールの量にちょっと嫉妬した。

パートナーがリスナーに愛されないと、ラジオはダメなんだな。


（2017年11月号）

((38))

SUNDAY FLICKERS

2010年10月〜現在　JFN系列各局　毎週日曜日　6時から7時30分

JFN（Japan FM Network）はTOKYO FM系列のシンジケート（日本語ではネットワーク）と呼ばれる全国のFMラジオ局に、制作した番組を供給する組織のこと。スポンサーがついてTOKYO FMでも放送する番組もあるが、それ以外に、スポンサーがつかない時間帯の番組や、それぞれの地域の事情によって放送枠を確保できない場合など、オンエアに穴があかないようにするベースを作る組織。そのため首都圏では放送されない番組が中心で、なおかつ番組改編ごと、部分的にその放送を流す地域もある。2020年に首都圏の外国語放送InterFM897を傘下に入れたが、その内容と使命は変わらない。日曜日は録音番組が多いので、早朝から生放送のスタッフが待機しているという意義は大きい。春風亭一之輔師匠のトークはradikoで是非聴くべし。

《第39回》

『タモリの週刊ダイナマイク』とお釈迦様似のドカベン的女将

古今東西、名うてのトリオはたくさんいる。劉備・関羽・張飛、バース・掛布・岡田、トンキチ・チンペイ・カンタ、リーダー・竜ちゃん・ジモン……。挙げだしたらキリがない。

お前の考える「最高のトライアングル」はなにか？　と問われたならば……「それは『タモリ・上柳・堂尾の週刊ダイナマイク』トリオじゃないですか？」と、中坊の頃の私は言うだろう。

ヘアヌードだらけの、あの頃すでにエロ雑誌になっていた『宝島』をペラペラめくりながら、ふてくされた眼差しで……。世代的に「あの頃の『宝島』」に間に合わなかったことを嘆きながら……。そう言うだろう。

さて、堂尾さんなのである。堂尾弘子・元ニッポン放送アナウンサー。『週刊ダイナマイク』における堂尾さんはお釈迦様のよう。タモリさんはその掌の上で戯れる孫悟空。上ちゃん（上柳昌彦アナ）はタモさんの乗るキントウン。すべては優しく微笑む堂尾さんの掌の出来事なのかもしれない。

堂尾さんは「うらやましい声」をされている。落ち着きのある、それでいて色気も感じられる中間音。あくまで折り目正しく進行しながらも、声の柔らかみから生まれるささやかな抜け具合。時折タモさんのボケに苦笑されるときの可愛らしさ。

堂尾さんはタモさんの投げるコーナーギリギリの変化球を「シルクで縫い上げたキャッチャーミット」で優雅に受けとめ、心地よい音をスタジオに響かせる。まるで品のよいドカベン。ちょっとお釈迦様入った山田太郎。

先日、仲間と酒を呑みながら、「自分が女だったら、どんな声がいい？」をテーマで語ってみた。

「やっぱりNOKKOかな」「YUKIだろ！」「CHARAで唄いたい」「a・i・k・oしかない」「GAOで決まり！」……男が憧れる声の女性はみなアルファベットなのか？　GAOさんだけ、ちょっと異質だけど。

私はもちろん、「DOUOだろ！　そこは!!」と鼻息を荒くした。「誰だ？　それ？」

「YouTubeで聴け！　愚民ども！」居酒屋の個室で、スマホから流れる『週刊ダイナマイク』にみんなして耳を傾ける。ものわからない奴が「これ小俣雅子？」と。「たわけ！格が違う!!」と私。

しばらく聴いて「……なんかスクールカウンセラーみたいな声だね」との意見。なるほど……こんな声の先生に悩みを聴いてもらえるなら、どんな引きこもりも心を開くだろう。「いや、保健室の先生だな」「というより女性の教頭声だ」「教頭よりは副校長先生だよ」「教頭と副校長ってどこが違うんだ!?」「教頭声なら早崎文司だろう!?」「金八の教頭か？あの顔は水木漫画のサラリーマン顔だよな」「金八だったら断然名取裕子の田沢先生（美術）だっ!!」

だいぶ前から論点が関係なくなっちゃった。

「タモリのラジオならまずオールナイトニッポンだろ？　俺たちみんな間に合ってないけど……でも『週刊ダイナマイク』があってよかったなぁ……」

40代を迎えたばかりの私には、リアルタイムで聴くことの出来なかった『タモリのANN』。「間に合わなかった世代」の心の空白をちゃんと埋めてくれた『週刊ダイナマイク』があったことはけっこう奇跡的なことかもしれない。

「『ANN』は会員制の怪しいバーで、『週刊ダイナマイク』は家族経営の変わりもの甘味処みたいだな」と、誰かが呟いた。「上手いね！」と私。

平日の深夜と土曜の昼間。ひとり喋りとパートナーのいるトーク。でも、そこに流れる「得体の知れなさ」は双方ともに同じ。堂尾さんが女将で、上ちゃんは番頭さん。タモさんは昔はバーのマスターをやってたけど、甘いもの嫌いなのに実家継いじゃった三代目みたいな……。

でも、この甘味処はバーの元・常連も、新規の客も、喜んで通い続ける珍しい店だ。看板は同じでもまるで別の『宝島』的なモノに辟易した私たち「間に合わなかった世代」に優しい、元・カウンセラーでお釈迦様似のドカベン的女将のいる甘味処。

その日の我々の集いは、「この甘味処の営業再開を全会一致で希望する！」という決をとり、散会と相成った。

（2018年5月号）

39

タモリの週刊ダイナマイク

1990年4月〜2005年3月　ニッポン放送　毎週日曜日19時〜21時（番組終了時）

当初は土曜朝9時からの2時間半の放送だったが、15年の間で週末の夕方に放送時間は移動した。基本は収録で、フォロー役としては局アナからフリーに転身した堂尾弘子が一貫して務め、くり万太郎（高橋良一）、鯖千代（上柳昌彦）など男性アナが脇を固めた。『タモリのオールナイトニッポン』で、深夜ならではの際どい企画を繰り広げたタモリは、この前身の番組『だんとつタモリおもしろ大放送！』で、夕方の主婦リスナーにも通用するトークに磨きをかけた。忘れ難い夜を募る「思い出の夜」や、知的好奇心をくすぐる「大人の疑問」はもちろん、コントなどでも過激な発言をオブラートで包む堂尾アナの笑いは、天真爛漫でもあり含みもあり、他を寄せ付けない魅力を持っていた。

（（第40回））

かーくんも中日立浪も清宮君も、ちんちんちんちん♪

先日のドラフト会議で、日ハムが早実・清宮選手の交渉権を獲得した。日ハムでよかったんじゃないか。第一、清宮くんにはケチャップをドバドバかけた厚切りハムがよく似合う。新聞より、ITより、鉄道より、ガムより、乳酸菌より、ハムがお似合い。意外とそういうところが大切だと思う。

あと気が早いが、清宮くんの応援歌は『ガラスの十代』の替え歌がいい。中日の立浪がそうだったように、壊れそうなものばかり集めて欲しい。輝きは飾りじゃないのだ。

私が10代になったばかりの頃、光GENJIの『GENJI元気爆発!!』というラジオ番組が大人気で、なんでも1週間にハガキが10万枚届いたこともあるらしい。爆発にもほどがある。完全にどうかしてる。

ちょうど自分のラジオに諸星和己さんがゲストにくることになったので、どんな番組か検索してしてみた。奇特な人がYouTubeにアップしたラジオ音源をクリック……しようとしたら、急に目に飛び込んできた『ちんちんポテトCM』を思わず先にクリック！

同年代なら誰もが歌える、光GENJIが出演していたCM「大塚食品 マイクロマジックちんちんポテト」。「ボクのポテトはちんちんちん〜♪」今なら完全アウトだろう。横で聴いてた我が子が爆笑。しばらく家庭内で「ちんちんポテト、マイクロマジック〜♪」が大流行してしまった。

『GENJI元気爆発』で検索すると、光GENJIファンのブログがけっこうひっかかる。おそるおそる覗くと、「かーくん、声変わり前でたまらん！」とか「山本くん、この頃のたどたどしさ最高！」だの、ラジオの感想文がテンション高めに記してある。日付が今年に入ってからのものなので、テープで繰り返し聴いてるようだ。光GENJIファンの現役バリバリ感、つまりは鉄人衣笠感に驚かされた。

私も録音を聴いてみた。台本を元気に棒読みするメンバーと、恐らくさんざん編集されまくったのだろう、けっこう無口なかーくん。

後日、私のラジオ（JFN・サンフリ）にかーくんが来てくれた。いまだにカッコいいかーくんのままだ。オンエアはかーくん節炸裂。『GENJI元気爆発』について聞くと、

「あー、あの番組が終わったの俺のせいだから！」と爆弾発言。「ちんちんポテトがさ……」予期せぬところでまた〝ちんちん〟が飛び出した。

「『ちんちんポテト食べると○○になる！』って生放送で言ったら終わっちゃったの！（笑）」

○○には笑いごとで済まされない2文字が入るのだが、ホントかよ？　かーくんのリップサービスじゃないか？

私が別のラジオ番組に出演したとき、なんとなく「最近会ったビッグな人」という話題でかーくんの話に。そこそこ盛り上がり番組終了後、ディレクターさんが我慢できないという風に「ちんちんポテトでラジオ番組が終わったの知ってますか⁉」とふってきた。

「えー、ご存じなんですか？　今日の放送では言わなかったんですが、それは有名な話なんですか⁉」と聞くと「だって私『GENJI元気爆発』のディレクターだったんですから！　あんときはもう……えらい目にあって……あーもーっ！　思い出したくもないっ‼（涙目）」

……だそうな。アツアツのちんちんポテトで番組を葬った（？）かーくん。30年近く経った今も危険な香りを漂わせながら、スターの異彩を放ち続けている。

元・光GENJIメンバーもそれぞれに若干のアンタッチャブルを持ち合わせてるところも〝できたてのポテト〟のようにアツアツだ。下手に触ると大火傷。

振り返れば、元・中日の立浪氏も匂い立つ〝ちんちんポテト〟な色気がある。いや、あるかもよ……という都市伝説。
話は戻るが、清宮くんには是非トランペットが奏でる『ガラスの十代』でバッターボックスに入って欲しい。「マイクロマジックな即戦力」でなくても、先人のような「封を開けたときに溢れ出る湯気」をまとうような、そんな選手になっておくれ。ハムの付け合わせにはポテトが合うんだよ。ちんちんちんちん♪

（2017年12月号）

((40))

GENJI元気爆発

1987年10月〜1991年4月　ニッポン放送　毎週金曜日　22時〜22時30分

ジャニーズ事務所のアイドルグループ光GENJIによる30分番組。ニッポン放送では「シブがき隊」「少年隊」がレギュラー番組を持ち、それに続く形で将来を嘱望されて番組はスタートした。メールやFAXがない時代で、とにかく大量のハガキがリクエストに届き、スタッフは困惑。局の郵便室で番組ごとに振り分けられ、紙製のキャリーバッグに詰められた「お便り」は担当者のデスクには当然収納しきれず、特にバレンタインデーには廊下まであふれることになったという。人気コーナーは「テレフォンパニック　突然ごめん」。応募してきたリスナーに予告なしで電話をかけるコーナーで、録音番組にもかかわらず唐突にかかってくる。とはいえ中高生が携帯を持たない時代で当人に繋がるまで録り直す、制作スタッフの人知れぬ苦労があった。

第41回

永六輔さんと壊れかけのタマゴ型radio

ここ1年くらいのはなし。

我が家にはラジオが4つある。正確にはラジオを聴ける機器が4つ。台所にMP3も聴けるCDプレーヤー。居間のノートパソコン。風呂にはタマゴ型の防水ポータブルラジオ。そして私のカバンに携帯ラジオ。かみさんはスマホでラジコを聴くので合わせて5つか。家のどこでもラジオが聴ける。完全配備。ちなみに私はガラケー。ガラケーではラジオは聴けない。

そのガラケーを駆使し自分で仕事のスケジュール管理をしているのだが、土曜日の午前中にスッポリ何もやることがない日などがある。ままま、ある。

そんな日は洗濯機をガラガラ回して、洗い上がった山盛りの洗濯物にタマゴラジオを載せて、2階のベランダへ。

タマゴをベランダの手摺りにちょこんと載っけて、洗濯物を干しながらラジオを流す。『土曜ワイド』はナイツになってまだ1年経たないのか。もうずいぶんやってる気がする。まったく違和感がない。ラジオと親和性の高い2人だな。同年代なのにこの安定感。あちらは土曜のTBSラジオの看板で、こちらはベランダで家事の真っ最中。

タマゴラジオは時折バランスを崩してベランダから落下する。でも不思議と壊れない。いや、多少は電波の入りが悪くなったり、ボディが傷だらけになったり、電池カバーが割れてしまったり……かなりの満身創痍なのだが、何年も使っている内に愛着がわき、捨てられずにいる。十分現役だ。

去年はこのタマゴから永（六輔）さんの声を聴いていたのだ。いや、正しくは声を聴く機会は少なかった。スタジオに居るのは居るのだが、時折相づちを打ったり、外山惠理アナウンサーやはぶ三太郎に促されてちょこっと喋ったり、しかもそれが判別不能なお喋りだったり。

ちょっと切ない……だが、永さんが車椅子でもそこにいるなら、オールオーケーなのだ。共演者も皆明るいのもよいではないか。

私がかみさんのブラジャーをピンチで止めていると、唐突に笑い声を上げる永さん。驚くじゃないか。全てを永さんに見透かされているようだ。

松島トモ子のちょっといい話の最中に、外山さんが永さんに優しく声をかける。しくしくと泣き始めている永さん。泣いてる様子は見えなくても、よくわかる。スタジオではお爺さんのパーソナリティが泣き、アシスタントが励ます。世界中探しても類を見ないラジオ番組だろう。

だが決して陰気にならず、陽なラジオ。梅雨の一時の晴れ間のような、洗濯物がよく乾きそうな土曜昼のラジオ。

先日、ナイツのラジオを流しながら布団を取り込もうとしたら、タマゴにぶつかった。その拍子にタマゴが階下へ落ちて、玄関先の敷石に直撃。あわてて拾ったが、「ピーピーガーガー」いうだけ、そのうち音もしなくなってしまった。

あらら。買い替えなきゃダメかしら。出来ればラジオは受信機で聴きたい。ラジコやFM電波の澄んだ音より、ザラザラしたAMの音の方が嬉しい。土曜のこの時間は特にそんな気がする。

タマゴに代わる新しいラジオを買う前に、7月11日に仕事先の博多駅で永さんの大往生を知る。喪失感より「お疲れ様でした」……いや、誤解を恐れず言うならちょっとホッとした感じだ。

永さんにとってはちょっとつらい、不本意な晩年のラジオデイズだったかもしれない。でもくたびれてきたタマゴラジオをひっぱたきながら、途切れ途切れになりがちな永さんのラジオを聴いてる仕事のない土曜日は、私にとっては大切な時間でした。

ラジオの鉄人、ありがとう。ナイツのお2人、土曜日をよろしくです。

（2016年9月号）

((41))

土曜ワイドラジオTOKYO　永六輔その新世界

1991年4月～2015年9月　TBSラジオ　土曜日8時30分～13時

もともと初代パーソナリティを務めた永六輔の出世作ともいえる1970年から放送されている土曜日の長時間ワイド。いったん離れた後に復帰する形となり、『永六輔その新世界』というサブタイトルが付け加えられた。同番組は久米宏や吉田照美なども担当したこともある週末ワイドの金看板。基本は永六輔のトークだが、中継リポーターのラッキィ池田が公衆電話からの入中、ラジオカーTBS954の情報キャスターによる中継など、週末の街の様子を伝えるというスパイスが添えられた。晩年は体調がすぐれないにもかかわらず番組を担当。持ち前の舌足らずで早口な軽快なトークは影をひそめたが、アシスタントの外山恵理との無言のコミュニケーションが、かえってリスナーの想像力をかきたてる、というラジオの真髄のような魅力を放っていた。

第42回

『ジャイアンツナイター』と中坊のハイタッチ

先月のはなし。

「生で野球が観たい！」と小3の次男坊がせがんできた。最近、野球に興味を持ち始めたらしい。贔屓の球団はまだない。どのチームを観せるべきか悩む。

「とりあえず、東京ドーム、行くか？」

私は小学生の頃、大の巨人ファンだった。故郷の千葉県野田市は都心から約50キロ、電車で1時間。当時、そんなハンパな関東平野の子供はたいてい巨人ファンだった。巨人ファンにあらざればベッドタウンの小学生にあらず。

王監督が眉間に皺を寄せながら「ピッチャー鹿取……」と言う物真似が十八番。スローカーブの香田の投球フォームもよく真似したな。

だが私が思春期をむかえた頃の巨人は、なりふり構わず補強をし続けた。生え抜きが冷や飯を食わされるさまを見せられ、「大人になって努力しても、結局金の力で人生が変わってしまうのか?」と冷めてしまい、巨人からだんだんと心が離れていった。

さよなら、ジャビット。さよなら、ナベツネ。さよなら、童夢くん人形。

それから野球自体に興味がなくなったのだが、丁度その日のネットニュースに「ガリクソン逮捕」(もちろんガリガリが付くほうの)と出ていたのでビッグエッグ(東京ドームの旧愛称)をちょっと冷やかしに行こうか、と思いたったのだ。ちなみに同じ日「元ヤクルト・デシンセイ、インサイダー取引で逮捕」ともあり、少し震えた。「ガリクソンはインシュリン、デシンセイはインサイダー」と覚えておきたい。

次男と東京ドームの一塁側・内野二階席に陣取る。私の隣はブレザー姿の中学男子だった。ひとりであんパンをかじりながら観戦している。耳にはイヤホン。音楽聴きながら野球観戦か……都会の中坊はすかしてんなぁ……。

坂本がホームラン。中坊は「よっしゃ!!」と声を上げ、向こう隣のサラリーマンとハイタッチした。どう見ても連れではない。次に私の方にハイタッチを求めてきたが、私は今は巨人ファンでもないし第一初めて会う人とハイタッチなんて恥ずかしいじゃないか。

我関せず……とうつむいていると、ちょっと悲しげに中坊はまたあんパンをかじり始めた。私がトイレに行ってる間、マギーがホームランを打ったようだ。階段上から次男と中坊が楽しげにハイタッチしているのが見えた。なんか自分が小さいヤツに感じられ、切なくなってハイボールをもう一杯。

次の回、阿部がホームラン。中坊が再度こちらを向いた。目が「来いよっ！」と言っている。思い切ってハイタッチ‼　見捨てず私に手を差し伸べてくれた中坊はなんてナイスガイなのだ。

話してみると、イヤホンは「ラジオ日本っす！」とのこと。こいつ、筋金入りじゃねぇか……。

思い出した……。私も小学生の頃、テレビ中継を観ながらラジオ日本の『ジャイアンツナイター』をイヤホンで聴いてたっけ。「テレビの実況じゃ生ぬるいんだよ！」なんていっぱしの口をききながら、ブラウン管の前でメガホン叩いて選手の応援歌を熱唱していたっけ。「か〜おはかわいい、こーまーだー！　打ったボールはホームランっ〜‼……」間抜けな歌詞だが、懐かしい駒田の応援歌が頭にふと浮かんだ。

「今日の解説は鹿取さんですよ」と中坊。「いま、鹿取が解説⁉　俺の頃は青田昇‼」「……誰ですか？」わからないのは仕方ない。「ふふ、わからないだろう」と笑顔を返す。中坊が家に帰って「青田昇」を検索するかと思うと嬉しいじゃないか。私も現役時代は知らないけどさ。

私「なんでラジオ日本なの？」

中坊「ジャイアンツ好きなんで『ジャイアンツナイター』聴いた方がいいかな、と思って……」

私「ミッキー安川、知ってる？」

中坊「？　ミッキー？」

私「あー、いいやいいや（笑）」

次の回、坂本がこの日2本目のホームラン。3人で心おきなくハイタッチ！

結果は巨人が大勝。中坊が『闘魂こめて』を熱唱しているなか「また会いましょう！」と言って球場をあとにした。

また巨人ファンになることはないだろうけど、やっぱり野球は楽しい。そして、中坊に「ミッキー安川」という単語をしっかり伝えておけばよかった。

平成29年の中学生が「ミッキー安川」を検索するなんて最高じゃないか。

（2017年7月号）

((42))

ジャイアンツナイター

ラジオ日本　火曜から日曜の試合終了まで

一般的に全国のラジオ野球中継では巨人戦中心だった時代。1977年10月に同局が読売新聞ニュースを放送する見返りとして、後楽園球場（当時）をホームとする巨人主催試合の独占中継権を獲得した。これに対抗したのが在京のTBSラジオとニッポン放送で、地方でのネット局での巨人戦はもちろん、首都圏ではヤクルトや横浜との連携を深めることになる。文化放送は西武ライオンズの中継をメインにする。しかし次第にセ・リーグの阪神、広島だけでなく、ソフトバンク、日本ハム、楽天などパ・リーグでの地元球団のファンが増えたことや、TBSラジオがナイター中継を止めるなど、日本テレビも深く関わるラジオ日本を除いて、全国で巨人戦一辺倒という構図は崩れている。

《第43回》

志の輔師匠の「だいてやる」感と「気分がいい！」

先日、仕事で富山へ。ひとり、北陸新幹線・新高岡駅の構内を歩いていると、一際インパクトのあるポスターが目に飛び込んできた。

オールバックで着物姿、貫禄たっぷりの中年男性。ブリの刺身をはじめとする富山の山海の御馳走を目の前に満面の笑みだ。手にはお銚子を持ち、こちらへ差し出している。左側には縦書き・明朝体の平仮名で、ドーンっと……「だいてやる」の五文字。

「……志の輔師匠、奥の間にはもう床を敷いてあるのですか？　……そうですか。……じゃ、もう一杯飲ませてください……私も師匠となら……」

と、ビッグネームを前に思わず貞操を破る覚悟を決めたくなるポスター。製作は射水市観光課。立川志の輔師匠は富山県射水市（旧・新湊市）の出身だ。志の輔師匠と、温泉宿で、サシで一杯、そして一言「だいてやる」。

その意図は「不倫旅行なら射水へ！」でガッテンしそうになったが、「『だいてやる』は富山弁で（おごってやる・ご馳走してやる）の意」と小さく但し書きがしてあった。……いやいや、たとえそうだとしても、相当アクが強い。

タクシーに乗ると、ラジオからお馴染みの声が。「北日本放送の志の輔さんの番組ですね」と運転手さん。この街は志の輔師匠に頼り過ぎじゃないか？　師匠が地元の若手芸人とサシでトークしている。かなり珍しい。若手芸人はまるで物怖じせず、師匠に切り込んでいく。東京の若手噺家だったら考えられないぞ……。やはり師匠はこのあと、若手を「だいてやる」の？

一応、2パターン想像してみた。そうだ、そもそも私の志の輔師匠の第一印象は「だいてやる」な感じだったのだ。あのポスターで思い出した。

私が落語を聞き始めた10代の頃。文化放送『志の輔ラジオ・気分がいい！』を毎日録音して聴いていた。40代の志の輔師匠。その頃から今の貫禄。パートナーは大桃美代子。まだモテモテジャーナリスト・山路徹と知り合う前だ。学級委員っぽい感じがいい。

『気分がいい！』というラジオは「純文学の大家が、弟子入り志願の女学生を、自宅に書生として住まわせている」、そんなまるで田山花袋の『蒲団』みたいな印象。以下、私の勝手な妄想。

「たぶん大桃は師匠の独演会にも頻繁に足を運んで、噺家としてもパーソナリティとしても心底、尊敬してるのだろうな……」

「でも大桃には実は彼氏がいて、まだ師匠はそれを知らされていないのだな……」

「もし大桃が降板したら、大桃が座っていたスタジオの椅子の匂いを嗅いだりするのだろうか……師匠……」

なにかきっかけがあれば、「だいてやる」な空気があった。ただその頃、たまたま私が『蒲団』を読んだばかりで、その変態先生と弟子の関係性を身近な何かに置き換えたくて、毎日『気分がいい！』を聴いていたようなふしもあるのだが。

その後、半年で大桃さんは降板してしまった。次の「書生」は文化放送の水谷加奈アナ。やりとりに軽みが増して、勝手なイメージだが、「蒲団」感がだいぶ薄まった。夏物の薄掛け「蒲団」……というか「タオルケット」だ。

ただ「タオルケット」のほうが汗を吸うので、こまめに洗ったり手入れをしないと匂いが染み付きやすい。2人の軽妙な掛け合いも一周回って、しばらくすると裏に「だいてやる」的な匂いを感じるようになっていった。洗ってない「タオルケット」の匂いはたまらないのだ。志の輔と加奈から匂いたつ色気。「今日は気分がいい！　から、だいてやる」といつ言い出しやしないかとヒヤヒヤ。以上、私の勝手な妄想。謝ります。

3年後、『気分がいい！』が終了。『えのきどいちろう意気揚々』が始まった。パートナーは代わらず水谷アナ。

なんでだろ？「蒲団」感ゼロ。全ての「だいてやる」ムードは志の輔師匠のなせる業だったのだ。色気にガッテン！

今『志の輔ラジオ』は『落語DEデート』と銘打って、師匠が週変わり女性ゲストを迎えるトーク番組になっている。毎週日曜朝から「だいてやる」なラジオ。音無美紀子VS立川志の輔……とかたまらないなぁ。また射水に「だいてもらいに」行きたくなってきた。


（2018年8月号）

((43))

志の輔ラジオ 気分がいい！

1990年4月〜1996年3月　文化放送　月曜日〜金曜日　9時〜11時

NHKの『ガッテン！』の司会で、幅広い層に親しまれている人気落語家、立川志の輔の名前を冠した初のワイド番組。パートナーは当初の小林千絵やナース井出、そして大桃美代子と、ビジュアルの印象とはまたひと味違う、一筋縄ではいかないタレントが担当。後に文化放送の女子アナウンサーが務めるようになっても、いわゆる受け身のアシスタントではなく、渡り合うトークが聞きどころだった。リスナーから川柳を募集し、松竹梅で評価する「志の輔のらくがき川柳新鮮流」が人気コーナー。最高評価の「松」ではあみんの大ヒット曲『待つわ』の待つの部分がジングルとして使われた。ゲストが出演することもあるこのコーナーはマンガ家の山藤章二も出演。シリーズで単行本化もしている。

第44回

午前2時の私とリスナーとの意外な出会い

私がレギュラーをつとめるニッポン放送『菊正宗ほろよいイブニングトーク』神戸ロケの打ち上げ。菊正宗主催の会は乾杯から日本酒だ。美味。ガブガブ進む。「じゃ、そろそろチェイサーを！」と出てくるのが瓶ビール。目の前に空き瓶が立ち並び、4軒はしごして午前2時にホテル着。

すぐに寝ればよいのだが、ホテルに泊まるのならばVOD（ビデオ・オン・デマンド）のカードを買わねば男がすたる。泥酔なのだ。どうこうしたいんじゃない、とにかく4桁の暗証番号を身体が欲しているのだ。だが廊下にあるはずのカード自販機が見当たらない。どこにもない。自販機はどこだ⁉　カードはどこだ⁉　泣く子はいねがっー⁉ない、というか今の自分には探せない……。諦めて大人しく寝ようと、自分の部屋のカードキーを見るとキーに部屋番号が記されていない。「あれ？　何号室だっけ……」仕方ないのでフロントへ。色白のカマキリみたいな、明治天皇の玄孫に似た顔のホテルマン。「すいませーん、部屋番号忘れました」玄孫は無表情で「お名前は？」「川上です」「ありませんね」とカマキリ。あ、芸名で予約したのか。「春風亭……」「605ですね」と、冷たい声で玄孫カマキリ。いや、ただ似てるだけだけど。

無事605号室着。くたびれてVODどころじゃなくなった私は、服を脱ぎ捨てパンツ一丁で缶ビールを呑む。2本目にかかったころ、突然の尿意。「おしっこーっ！」誰もいないのに大声で尿意をアピールしながらトイレに入ると、驚いた。

このホテルのトイレはメチャメチャ横に長いねー。あれ？　便器がない！　寒っ！　目の前に「604」と書かれたトビラ！　THE・廊下andオートロック！　錯乱した私は自分の部屋の呼び鈴を鳴らす。出るわけない。パン一でうずくまる。とにかく寒い。

また玄孫に頼まねば……。男でもとりあえずおっぱいは隠す。手ブラでエレベーター前へ。トビラが開くと女性がひとり降りてきた（恐らくデリヘル嬢）。怯えていた。「スビバセンね！」桂枝雀師匠のように会釈をして乗り込み、1階ボタンを押す。チーン。1階に降りると……目の前は歩道。外だ！　しまった！　ロビーは2階だったかっ⁉　無情にもエレベーターは閉まり、階上へグングン上昇中。ああ、ひたすらに寒い。

なんとかロビー階へ。トビラが開くと目の前にカマキリ！「ハッ‼」と驚きの声を発するも、すぐに事態を把握したらしい。「今、開けます」「スビバセンねっ‼」寒くて完全に枝雀師匠化した私は玄孫カマキリ（ではないが）に先導されエレベーター内に。『春風亭』さんは……ひょっとして落語家さんですか？」今までカマキリみたいな顔をしていた玄孫が、笑みまじりで私にクエスチョンを投げつけてきた。私は思わず、「……いや、あの、ラーメン屋です…」と返した……気がする。「……そうですか」と玄孫はまた冷徹なカマキリ顔に戻った。

玄孫カマキリのあとを歩きながら、ふと踊り場の隅に目をやると「あ！　自販機！」。部屋に戻りベッドに腰かけてると、さっきのデリヘル嬢（たぶん）の怯えた顔が頭をよぎる。またVODの誘惑が私を襲う……。「……よーし、いっちょいくか‼」財布を握り、油断なくカードキーを持ち、踊り場へ向かう。あたりを見回し、財布を開くと……中には1万円が1枚あるのみ。またあいつの世話にならねばならんのか……。3度目となりゃもう破れかぶれだ。ロビーへむかう。玄孫カマキリに向かって「1万円両替お願いします！　ビデオカード買いたいんでっ！　なんで、なんで、1000円札しか使えないんですかねっ‼（涙声）」酔いに任せシャレ半分で訴える。

「申し訳ありません、一之輔さん！　只今、両替いたしますねっ！　5000円が交じってもいいですか？」紙幣を渡すとき「ABCラジオで『ほろよい』聴いてますよ。柳いろはさんゲストの回、メチャ良かったっす！　どうぞっ！」と満面の笑みのリスナー玄孫カマキリ。

「ありがとうございます。ホントお世話になりました……」と言い残し、部屋に戻った。

結局、その日はビデオカードは買わず。翌日、私は恐らく平成最後の最悪な二日酔いに見舞われた。

（2019年4月号）

((44))

ほろよいイブニングトーク

2005年10月～2020年3月　ニッポン放送　月曜日～金曜日　18時50分～19時

ニッポン放送のアナウンサーが、日本酒バーのオーナーという設定で、日本酒好きな著名人の客を週替わりで迎えるトーク番組。スポーツアナで帯番組も担当する、現在フリーアナウンサーの松本秀夫が番組開始当初からメインでその役を務め、マネージャーとして女子アナウンサーがアシストするという体裁だが、常連客として一之輔師匠が出演するようになった。トークの中心は菊正宗を酌み交わしながら日本酒にまつわる話題。ニッポン放送のスタジオで1週5回分をまとめて収録するのが基本だが、毎年始めの1週分は神戸市東灘区にある「菊正宗酒造記念館」で見学を兼ねてロケ収録をすることが恒例になっていた。同じ企画で出演者が違う番組が大阪の朝日放送ラジオ、名古屋のCBCラジオで流れていたこともある。

((第45回))

ニッポン放送とラジオ日本と日出ずる男

今年の5月17日。浅草公会堂ではラジオ日本主催の『林家木久扇・傘寿記念落語会』が開かれていた。ラジオ日本主催とは渋い。恐らく「笑点↓日テレ↓ラジオ日本」という繋がりか。とにかく満員御礼だ。なぜか私もゲストによばれ終演後、木久扇師匠の楽屋には有名・無名入り交じったたくさんのお客様が詰めかけていた。

手持ちぶさたの私が楽屋裏の廊下をウロウロしていると、「一之輔さんっ！」と後ろから声を掛けられた。「桑田靖子ですー。こないだはありがとうございました！」シンガーの桑田靖子さん。そう、『天才・たけしの元気が出るテレビ‼』で初期・元気商事の社員だった桑田さんだ。先日、私がパーソナリティをつとめるニッポン放送『菊正宗・ほろよいイブニングトーク』にゲストに来ていただいていたばかり。「あらあら！　おいででしたか⁉」

桑田さんの隣には、ロン毛でエラの張った千原ジュニア似の大男が立っていた。ジュニアは一際高いテンションでとにかく落語会が最高だった、とまくし立てた。どっかで見た顔、そしてオネエ言葉。「あ、ありがとうございます……ひょっとして……？ ひ……で……ろう……さんですか？」

「えー！ 私のことご存じなんですかーっ⁉」大男は、元祖（？）オネエタレント・日出郎さんだった。しかもすっぴん。「もちろんですよ！ 子供のころから『元気が出るテレビ』とか『いいとも』観てました！ 今度『燃えろバルセロナ』再リリースされるんですよね⁉」日出郎のツイッターはチェック済みの私。

「えー⁉ 知ってるのー⁉」「もちろん！ 『電気グルーヴのオールナイト』聴いてましたし！」「えーっ！ もーっ！ エックスタシーっ‼」生エクスタシーを直にいただいてしまった。直腸に響くがごとき感無量である。我々世代はおすぎより、ピーコより、ピーターより、マツコより、ましてやミッツよりも……日・出・郎。どうやら桑田靖子さんはラジオ日本で番組を持っていて、日出郎さんと大の仲良しらしい。

ニッポン放送は憧れだった。『オールナイトニッポン一部』の提供クレジット読み……からの「東京、有楽町、ニッポン放送をキーステーションに全国3〇局ネットでお送りいたします」の文言に憧れたものだ。

私が落語家になって11年目。真打ち昇進を報告すべく、落研の先輩・高田文夫先生にご挨拶するためニッポン放送の社屋に初めて足を踏み入れた。美しい受付嬢に促され、エレベーターからスタジオに。夢にまで見たニッポン放送の社屋。トイレから眺めた皇居のお堀は忘れられない。

それから3年後。『ラジカントロプス2・0』という番組のゲストで、麻布のラジオ局へ行くことになった。あまり夢に見ることのなかったラジオ日本社屋。神谷町駅から迷いまくり、なんとかたどり着いた場所は、「ロシア大使館」と「アフガニスタン大使館」と「Tokyo American Club」に囲まれた「2010年代なのに冷戦真っ只中」みたいな小さな社屋だった。

受付にはくたびれたおじいさんがひとりうつむいている。受付嬢ならぬ受付爺。私は名乗らず通過。セキュリティもクソもない。横溝正史の小説に出てきそうな田舎の病院みたいな内装。とても現代のラジオ局とは思えない天井の低さ。壁にはたくさんのポスターが無節操に貼られていることに気づいた。聞けば、壁の染みや穴を隠すためらしい。ホントかよ？　「ミッキー安川王朝の紫禁城」は、趣き有り過ぎる「いにしえの都」だった。

あれ？　何でニッポン放送とラジオ日本の話に……？　そうそう、日出郎さんだ。奇しくも「日の出ずる、男」を意味する日出郎と、「日の本のラジオ」を意とするニッポン放送とラジオ日本。この2つのラジオ局が私と日出郎さんを浅草の地で会わせてくれたのだ。まさに出逢いのサンライズだ。

中学生の頃『電気のANN』で初めて聴いた「燃えろバルセロナ」の衝撃。「エクスタシー、エクスタソー！　エクスタシー獲るなら○門よ！」。歌詞が頭にこびりついて離れない。

木久扇師匠の会の打ち上げのあと、私は「エクスタシーっ！」と口ずさみながら浅草の街をふらついた。

（2018年9月号）

((45))

ラジカントロプス2・0

2007年8月～2015年3月　アール・エフ・ラジオ日本　毎週月曜日深夜1時～2時

『オレたちひょうきん族』などで活躍した「歌う放送作家」こと植竹公和氏がメインで携わる番組。番組タイトルの前にその週に登場する各界の著名人の名前が冠される。そのゲスト自身がパーソナリティであったり、インタビューによる構成番組であったり、ラジオ日本の制作スタッフが進行をアシストしたりと、毎回決まったテイストではない番組。収録はたっぷりと時間をかけて行われ、そのエッセンスを60分の放送時間枠にまとめるというもの。そこに収まりきらなかった部分も含めて、ポッドキャストでは全てを聞けるのがウリ。大森望氏と豊崎由美氏による『文学賞メッタ斬り！』は、芥川賞・直木賞を予想する年に2回の企画で、候補の作家も聴いているという人気企画。番組終了後も特番として放送され、書籍化もされている。

第46回

スペシャルウィークと『あなたとハッピー！ 金曜日』

「勝負下着」という言葉がある。辞書を引いてみると、「下着のうち、異性に見られることを意識した下着。とくにお気に入りの下着」とあった。私はいつもだいたいユニクロのエアリズムトランクスを穿いている。紺と赤の二色。強いて言えば赤が勝負下着だろうか。ただ赤は染みが目立つ。寄席の楽屋で着物に着替えるときに、残尿による染みを隠しながらズボンを脱ぐ男には、勝負師の気概はまるで感じられない。

以前弟子から誕生日プレゼントに褌タイプの紫のTバックをもらった。ヘソ下辺りに「TITAN」とロゴが入っている。自慢じゃないが中身は「TITAN」どころか「MIDGET」だ。楽屋で後輩の女芸人に「どう？　勝負感ある？」と聞くと「腐ったホヤ貝みたいですね」と酷評。ある意味「食べたら一か八かの勝負感」だと受けとめることにする。

色白・小太り・ブーメランパンツ。鏡に映る私の、顔から下の「山本竜二」みが凄い。無理は良くない。「〜み」という言葉も今初めて使った。やはり無理は良くない。パンツはやっぱりユニクロの紺。普段通りが落ち着くのだな。

ラジオの世界には「スペシャルウィーク（ＳＷ）」という言葉がある。要するに「聴取率調査週間」。番組がどれくらい聴かれているのか数字で明らかにするラジオ局には大切な一週間。ＳＷには昔から「急なゲスト」「急なリスナープレゼント」が付き物だ。突然降って湧いたお祭り感が凄い。

大学生のとき。なんの番組だったかすらも覚えていないのだが、ふとラジオのスイッチを入れると「怒涛のスペシャルウィーク！　今日のゲストはＭＡＸの皆さんです‼」というパーソナリティの嬌声が聴こえてきた。ひとしきり挨拶の後、ＭＡＸのうちの誰かが「ＳＷだというのに呼んでいただいてありがとうございますっ！　私達で大丈夫ですかね⁉」と当時は人気ＭＡＸなはずなのにプチ自虐。男性パーソナリティは「もちろんですよ！

今週は月曜から金曜まで豪華ラインナップ！　初日の月曜はＭＡＸでまず弾みをつけていただいて〜！　ＭＡＸファンも今日は聴いてると思いますよ〜！」と続けた。するとＭＡＸの誰か、ナナかミナかリナかレイナかじゅんか長作か三波春夫が「え〜、そんな〜！急に頼られても〜っ！　自力で頑張ってくださいよ〜（笑）！」と笑い混じりにプチ本音。

ちょっとの沈黙。たまたま軽口で制作側の浅はかさをついてしまったMAXの誰か。「トラトラトラ」ばりの奇襲攻撃だ。私は怖くなってラジオのスイッチを切った。たしか水曜日のゲストは遠藤久美子だった。エンクミは好きだったので最後まで聴いた気がする。聴取率調査票が我が家に来てればお役に立てたのに。

リスナープレゼントもしかりで「月曜から金曜までのキーワードをハガキに書いて送ってくださいっ！　正解者から1名様に○○をプレゼントっ!!」なんてフレーズが聴こえると「あ、SWか」と気づいたものだ。昼の番組なら温泉宿泊券、夜ならニンテンドー64とか。ワイド番組は30分に1度くらい煽りのコメントやらジングルやらが入るので、SWはホントに忙しない。温泉も64もいらないんだよ、いつもの放送を聴かせて欲しいだけなのに。

そんなこと言いながら、私がやっているニッポン放送『あなたとハッピー！金曜日』もSWに余念がない。でも、月〜木曜は芸能人のゲストがバンバン出るのに、金曜だけゲストはひと月前にたまたま電話を繋いだリスナー。よしえさんという素人のオバちゃんだ。ガラガラ声で一方的にまくし立てるお喋りが面白くてスタジオに来てもらうことになった。しかもよしえさんがリスナーの人生相談に答えるという。いわばよしえさんが我々の「勝負下着」か。「いーんです！　これが金曜日の攻め方です！」豪語するディレクターは

「勝負下着」なぞどこ吹く風、完全に「フルちん」に見える。

私が今、気になってるのは当日初めてラジオ局のスタジオに足を踏み入れるであろう、よしえさんのホンモノの勝負下着はどんなんだろう？　ということ。白と出るか、黒と出るか。出来れば「いつものヤツ」がいいよね。

（2019年10月号）

((46))

春風亭一之輔　あなたとハッピー

2019年4月～現在　ニッポン放送　毎週金曜日午前8時～11時30分

2007年から局アナの垣花正が月曜日～金曜日の平日の担当だったが、金曜日のみ一之輔師匠が増山さやかを相手役として担当するようになった。ぼやき交じりの力の抜けたトークと、お決まりの「加藤諦三の物マネ」が朝に心地よく、仕事したくなくなるという評判も。ビデオリサーチ社が聴取率調査を行う年6回のスペシャルウィークは、各局の盛り上げが恒例だったが、近年調査方式の変更やラジコのアクセスデータ利用など、別の「ものさし」が出現。それにともない、TBSラジオがあからさまなプレゼントやゲスト企画などをやらないと発表した。ニッポン放送社長もスタジオを見に来たという大注目の素人リスナー「よしえさん」ゲスト回は、ビッグネームで客寄せをするのではない、番組企画の面白さで勝負するというラジオの真骨頂をみせている。

第47回

春風亭一之輔と『マムちゃん寄席』その1

2018年最大の私的ラジオな出来事は、11月にTBSラジオ主催『マムちゃん寄席』に出演したこと。以前も書いたが、前から出演依頼はあったもののなかなかスケジュールの都合がつかなかった。念願かなっての初出演。しかも、なんとトリである。

会場は銀座ブロッサム中央会館。キャパ900人の全てがTBSラジオリスナーというイカれたイベント。その席亭は『ミュージックプレゼント』での毒舌でお馴染み……「日本中のババアが『ババア！』と呼んでもらいたい男・40年連続ナンバー1」…誰が呼んだか「ラジオ中継の始皇帝」…ご存じ、「マムちゃん」こと毒蝮三太夫なのだ。

私はちょっと遅れての楽屋入り。毒蝮の弟子・マムちゃん寄席プロデューサーのはぶ三太郎に促されて、リビングレジェンドにご挨拶に伺う。玉袋筋太郎、外山惠理アナ、ラッキー池田、松元ヒロ、林家二楽、ナイツ、神田松之丞……そして奥の間には大沢悠里とさこみちよ……という新旧のTBSラジオスターが入り乱れての舞台裏は、まさに圧巻。

「遅くなって申し訳ありません！　一之輔ですっ！」平身低頭で挨拶する私。楽屋の真ん中で談笑していた毒蝮三太夫は、私を認めると82歳とは思えない身のこなしで玉座から立ち上がる。

「ヤァ！　ヤァ！　ヤァっ!!」え？　ビートルズ？　いや、JALのハッピは着ていない。パパスのトレーナーだ。耳が割れるほどのドデカホーンを発しながらマムちゃんが近づいてくる。

「イチぃっ!!」え？　ハリソン・フォード？　いや、私は主人を待ち続ける犬じゃないし。

「イチぃっ!!　久しぶりダナーっ!!」いや……初対面だ……。私が『ゆうゆうワイド』にゲスト出演したとき、電話で喋っただけ。ま、この際細かいことはどうでもいいか……。

「イチよーっ！　忙しいだろうにすまねぇなぁ！」私をイチと呼ぶ人は初めてだ。「座頭」か「殺し屋」になった気分でなかなか悪くない。思わず、「いいってことよっ！　マムっ!!」と返したくなる。これか!?　これが「マムシ流・距離感の詰め方」か!!　スゴすぎる……。

「まぁ、今日はテキトウにやっつけてってくれやっ!!　客は何にもわかんないジジィババアばっかりだからよっ!!　ハハハハハーっ!!」スゴい。リスナーいないところでも「ジジイババァ」と呼ぶ裏表のなさ、プライスレス！

「とんでもないです！　宜しくお願い致しますっ！」直立不動で最敬礼。「お前が硬くなるなよっ！　客席はもうすぐ硬くなるジジィババァばかりなんだからっ！　ハハハハハーっ！」私がこのマムシ節を独り占めしてよいのか……。このバックヤードをＷＷＥのようにスクリーンに大写しにすれば観客は興奮のるつぼなのに。モッタイナイっ‼

はぶ三太郎氏に呼ばれ、早々に出演料を頂戴する。普段は物腰柔らかなはぶ氏も、『マムちゃん寄席』においては「鬼のプロデューサー」。だが出演者に対しては非常に腰が低い。いや、低すぎて逆に怖い。

「一之輔師匠に見合った額でないのは、重々承知しておりますが……」とんでもないです、はぶさん！「縁繋ぎと思し召してご勘弁を……」こちらこそです、はぶさん！「ついてはＴＢＳからの振り込みですと来月末になってしまいますので、手前どもまむしプロでお立て替えさせて頂きまして、本日のお渡しを……」ひゃっほーっ！　とっぱらいですか⁉　はぶさん！

「そしてこれは大入り袋と、毒蝮からの……」と言って渡されたポチ袋にはサインペンで「一之輔師匠へ　ホンのきもち　毒蝮三太夫」との文字。マムシさんからの心づけだ。言うなればお小遣い……。

「それからこちらはマムシからのお土産で……」浅草の老舗の雷おこしの箱詰め。表には「毒蝮三太夫」の千社札が貼られ、出演者だけでなくスタッフや楽屋へ挨拶に来た人へも配られている。毒舌と気遣いのギャップ、華厳の滝のごとし。

すぐにマムシさんに御礼。「イヤイヤイヤ‼　余ったら、地所でも買って、蔵でも建ててくれっ！　イチようっ‼　ハハハハハーっ‼」

楽屋にいる人、すべてが笑顔である。なんなんだ、この人は……。全て関わる者との間合いを瞬時に詰めて虜にする男。マムシさんを囲んだ輪はドンドン拡がっていく。

しかしそのなかで、物腰の柔らか過ぎるのに、一切笑顔を見せない名番頭・はぶ三太郎の視線の先にあるものは……。

『マムちゃん寄席』と、この師弟については、また次回のお楽しみとしたい。当然だけど、文中の全て敬称略なんだよっ！　クソッタレババァっ！

（2019年1月号）

《第48回》

春風亭一之輔と『マムちゃん寄席』その2

前回から引き続き、私が2018年のTBSラジオ主催『マムちゃん寄席』のトリを仰せつかった話。『マムちゃん寄席』とは日ノ本の國の民なら誰もが知っている、「ラジオ界の天照大御神」こと、毒蝮三太夫が席亭をつとめる演芸会。

「おい、イチ！」毒蝮が私に呼び掛ける。初対面にもかかわらず、毒蝮にとって私は「イチ」。だから私も心のなかでは「マム」と呼ぼう。

「今度、○○で仕事するだろう？」「はい、蝮さん。その通りです。よくご存じですね（おうともよ、マム。よく知ってんな、この耳年増!!）※心の声」「チラシ見たんだよ。あの辺は昔から△△が××でな、□□は☆☆だから♂♂のときは♀♀……」下ネタと闇社会ジョークを包み隠さず素材のまま提供するマムシトーク。物騒過ぎて、みな聞こえないふり。

「そろそろお願いしますね！」声を掛けたのは毒蝮の弟子で『マムちゃん寄席』プロデューサーのはぶ三太郎だった。中入り後は毒蝮三太夫・玉袋筋太郎・外山惠理アナのトークで、持ち時間は20分間。だが、すでに予定時間は20分押し。私の出番はそのあとだ。

はぶ「テーマは『東京』！　20分ですからね！　お願いしますよっ！」

毒蝮「わかったよ。うるせーなー（笑）」楽屋のテンションのまま舞台へ上がる毒蝮。

この会話からわかる師弟を超越した信頼関係。ただ、はぶの目がまるで笑っていない。見た感じ、はぶというよりはガラガラヘビ。

「すいませんねぇ……一之輔師匠。トリの師匠にはたっぷりやっていただけるように、蝮が長かったら舞台から引きずり下ろしますので」とガラガラヘビ。「いやいや、蝮さんに思う存分に……」と言い終わらないうちに。

「いけませんっ！　クセになりますからっ‼　ったく、年取るとワガママが酷くて……ほら！　また関係ない話してる‼　テーマについて話せって言ったのにっ‼（怒）」

舞台上は爆笑トークの真っ最中。「いやー、イチノジョウも今日は張り切っててさっ‼」と毒蝮。もしかして「一之輔」と「松之丞」が混ざっている？　まさか力士の？　……さてはうろ覚えだから「イチ」とだけ呼んでいたのか！　さすがのマムシテク！

舞台袖で、はぶが慌てている。「20分経過！　長い長い長いっ！　前座さん、それ貸してっ！」はぶは前座から太鼓のバチをふんだくると、なんと舞台袖にある大太鼓を乱れ打ち始めた。早くトークを〆ろの陣太鼓。ドンドンドーンっ！

「終わりだよ！　終わりだよ！　終わりだよ！」一心不乱に叩き続けるさまは、佐渡の鼓童か、PRIDEの高田統括本部長か、夜な夜な郊外のROUND1に現れる「太鼓の達人」の達人のごとし。ガラガラヘビからキングコブラになったはぶ。

気づいた玉袋さんが「蝮さん、はぶさんが怒ってますよー！」「じゃ、そろそろ……」と外山アナ。「怒らせとけよー。いーのいーの（笑）」と毒蝮。袖では「よくねーんだよ……」と呟きながら太鼓を打ち鳴らすキングコブラ。気にしないマムシ。しかしマムシVSキングコブラは、どうしたってキングコブラの勝ちである。

袖からの圧を感じたか、「じゃーまー、そろそろイチノジョウと代わるかな！（笑）」とマムシ。2度目とくれば、いかに天然の間違いだろうと「トス」なのだ。アタックせねば。私は舞台へ飛び出して「イチノスケですよ！　イチノスケっ！　蝮さんっ、覚えてくださいよ！　それに『長い長い』ってはぶさんが楽屋でテーブルひっくり返してますよっ！」と叫ぶ。「わりぃわりぃ。じゃ、これでおしまいだっ（笑）！」強引な〆で無事？　トークは終了。

「行って参ります！」と入れ代わりに私。「どこへでも行っちまえっ！（笑）」とマムシ。

小気味いい瞬間のやり取りに震えながら、900人のTBSラジオリスナーを前に高座に上がり一席。マムシ大明神のイニシエーションを浴びた信者たちは何を言っても笑うくらい温まりきっていた。

終演、帰り際に鬼の形相ではぶが近寄ってきた。五分押したことにお怒りかと思いきや「これ、お弟子さんにもお弁当とお土産と大入り袋。大変だけど修業頑張ってくださいね！」と私の弟子に労いの言葉。さすが気遣いの人である。

楽屋口には身に覚えのない迎車のタクシー。振り返るとはぶ。「また是非マムシにお付き合いくださいっ！」とこの日初めての笑顔を見せた。私も笑顔で「もちろんです！」「お気をつけて！」はぶはふたたび鬼の形相に戻ると、師匠の居る楽屋へ帰っていったのだった。

（2019年2月号）

((第49回))

寝床の春風亭一之輔とニュースを伝えるヒロシ

「ベルリンの壁」が崩壊したとき、私はラジオを聴いていた。ベテランアナウンサーがニュース速報を冷静に伝えていたが、その声は次第に熱がこもっていくように聴こえた。ラジオを介して世界の物凄い転換期に立ち会っているようで、私の鼓動も徐々に速まった。

尾崎豊が遺体で発見されたニュースもラジオで聴いた。速報から引き継いだパーソナリティは暫く涙声だった。

東日本大震災の余震はラジオを聴きながら何度も経験した。パーソナリティは2週間もすると速報を伝えることに慣れてきて、リスナーの私も慣れてきて、感覚の麻痺がなんだか恐ろしく感じた。自分のラジオで余震の速報を伝えたこともあるが、パーソナリティとしてはまるで慣れることもなく……あの緊張感はもう経験したくない。

ラジオを通して、様々な事件・事故を伝え聴くときの胸の高鳴りは、後々忘れられない記憶になっていく。

さて、生島ヒロシだ。これから先は「ヒロシ」で統一したい。TBSラジオの朝の看板番組『おはよう定食・おはよう一直線』を20年もの長きにわたりつとめるヒロシは、毒蝮三太夫・大沢悠里・森本毅郎・荒川強啓ら「エクスペンダブルズ・オブ・TBSラジオ」のひとり。

私は朝起きると寝床でラジオをつける。夢うつつのままヒロシを聴くと、靄の上から絵の具をボテッと垂らして描き混ぜたような……。それでいて心地いい……。そんな気持ち。ドラッグをやったことはないが、こんな感じなんじゃないか。

ヒロシの喋りは今朝も軽快だ。軽快過ぎて、次に読まねばならない原稿をすっ飛ばす。見失う。床にぶちまける。「アレー！　どっか行っちゃったぞ！　……まぁいいか！」と諦める。

ヒロシは豪快にクシャミをする。「ハークショーンっ‼

……失礼……」何事もなかったかのように喋り続けるヒロシ。生放送でクシャミをするということにまるで恥じらいはない。生理現象だから仕方ない、という言い訳もしない。ヒロシがルールブック。

ハチミツを舐めながら喋るヒロシ。瓶をひっくり返し、それをぶちまけるヒロシ。隠そうともせず、「わーっ！　あらあら、どーしょう！　たいへんたいへんっ！」とオバサンのように見たままの感想を電波にのせてしまうヒロシ。

時間に縛られることを嫌うヒロシは、しばしばエンディングの尺を計り間違えて、しり切れとんぼで番組が終わる。

寝床で聴きながら、恍惚と不安のなか、そろそろ着替えるか……と起き出す私。事件はスタジオで起きている。いやパーソナリティのヒロシが起こしている。着替えながら私の鼓動も速くなる。

ある日の朝。いつものように寝ぼけまなこでラジオをつけると、神妙な調子でヒロシがメールを読んでいた。リスナーからの亡き父への感謝のメールだ。「父が好きだった曲、河島英五の『酒と涙と男と女』をリクエストします……」受けるヒロシ。「では、天国のお父様に届きますように。お聴きください。『酒と泪と男と女』……」ままあって、軽快な前奏がはじまる。ん？「♪なーみだーのかーずだーけ、つよくーなれーるよー。アスファルトにさーく、はなのーよーに……」

岡本真夜の『tomorrow』が流れはじめた。冒頭の「涙」しか合ってない。しばらくして「失礼しました！　どういうことか、別の曲が流れてしまいましたねー」とヒロシ。別の曲にもほどがある。このあと、再三『酒と泪と…』をかけようと試みるも、違う曲が流れるという怪奇現象のような事態。その日、結局リクエスト曲は流れなかった。「どーしちゃったんだろう！　ごめんなさいねー！」ヒロシがごく軽くペコリ。いやいや、結構な事故である。

『酒と泪と…』をリクエストしたリスナーは、その日1日何を思ってすごしたのかを考えると、私の鼓動はまた速くなった。このときの胸の高鳴りはいまだ忘れられない。

翌朝、それを忘れるためにまたヒロシを聴く。また胸が高鳴る。ヒロシひとりを聴けば、「人間にはなんでも出来る（=なんにも出来ない）」ということがわかる。ヒロシはラジオの「ベルリンの壁崩壊」だ。

（2018年3月号）

((49))

おはよう定食・おはよう一直線

1998年4月〜現在　TBSラジオ　平日5時〜6時30分

TBSラジオをキー局に全国32局で放送されている6000回を超える生島ヒロシの全国ネット番組。キャッチコピーは「聴くスポーツ新聞」で朝の番組らしくニュース、スポーツの他、健康、シニアライフ、介護をキーワードに、生活情報をメインにして高齢者の圧倒的な支持を受けている。アナウンサーが喋るマイクの横には「カフ（咳）」と呼ばれる音声の切り替えスイッチがあるが、それを無視してくしゃみをするのは定番。滑舌はよいがソツなくまとめるという一般的なアナウンサーとは全く逆の、奔放なトークが生放送で展開されるということで、ラジオ好きの間によく知られた番組。テレビのバラエティ番組でもよく見かける文化人の登場も多く、テンポよくビジュアルでニュースをまとめる早朝のテレビ番組の対抗軸として、不動の人気を誇る。

《第50回》

13歳の川上君と41歳の春風亭一之輔

拝啓、13の春の僕へ。

どうも、41の春の俺です。おい、僕。またバカみたいにラジオのエアチェックばかりしてますか？　カセットテープはカビやすいから、梅雨時は陰干ししたほうがいいよ。そのうちMDってのが現れて、全部ダビングしたくなるかもしれないけど……MD、すぐ廃れてなくなるから要注意。大人になったらパソコンの動画アプリでほとんど聴けるんだけどね……まあいいや。ラジオのエアチェックは、しないよりしたほうがいい青春だ、とおじさんは思います。

4月から始まった土曜二部のオールナイトはどう？　ハガキがなかなか採用されないと思うけど諦めんな。そのうち1枚くらいは読まれるよ。居間のサイドボードの引き出しの奥に、使ってない色の焼けた40円ハガキがあるはず。それで「平成新造語」のネタ書いて出せばたぶん読んでくれる。いや、正しくはネタは読まれないが、「なんだこのハガキ。1枚だけ異常に黄色くないっ⁉（笑）」と弄ってくれるはず。もうそれで十分だよね。ペンネームは恥ずかしいから自分で考えて……。

今は二部だけどすぐに一部になるから。君は「自分だけが見つけた！」みたいに思ってるかもしれないけど、もちろん君だけが気づいてるわけじゃないよ。大人になってみると「私も聴いてましたよ！　一之輔さんもっ⁉」って人にホント沢山出会うはず。「一之輔」ってのは君の芸名なんだな、川上君。君は落語家になるのだが、今その話は長くなるから置いておこ……いや待てよ、落語家になったおかげで会えたんだな。誰に？　ってピエール瀧にだよっ！　凄くないか？　会ったら会ったでテンパって「黄色いハガキ出しました！」って言ったら「ハハハ！　覚えてるワケねーっ！（笑）」だとさ。最初は『たまむすび』ってラジオのゲストに呼ばれて、そこから月一のレギュラーになって、番組の飲み会で何回も会うようになるよ。意味がよくわからない？　まぁそのうちわかるって。

さぁ、ここでホットなお知らせです。こないだ、その瀧さんが捕まっちゃいました。勝新と同じコカインで。笑い事じゃないんだな。平成も終わる頃になると社会がクスリに物凄く厳しいです。瀧さん、クスリやってそう？　いやいやいや、今のオールナイト聴いてればそう思うかもしれないけどさ。28年後のピエール瀧は日本中が知ってるスターなんだよ。ミュージシャン・俳優・バラエティタレント・ラジオパーソナリティ。「まさかあのピエール瀧が⁉」が世間様の反応。いろんな意味で驚くよなあ。「真面目な人だと思ってたのにショック……」って街の声。ちょっと笑ったなぁ。「せっかく積み上げて来たものがクスリのせいで……残念です」とかしたり顔で言うコメンテーター。どう思う？　13歳。

俺は今41歳だけど、まだラジオを聴いてる。出てもいるけど、聴いてもいるよ。君と違ってエアチェックなんてもうしない。タイムフリーやエリアフリーなんてのもあるけど、その時々の生活のなかでボンヤリ聴くのよ。年をとると「一生懸命じゃない」ラジオの聴き方があることに気づいたね。13歳の頃とまるで違うラジオとの付き合い方。パーソナリティもリスナーも、双方ともにまるで「一生懸命じゃない」のもいいもんだ。

毎週木曜の午後のラジオから、一生懸命じゃない、いい調子でふざけた瀧さんがいなくなっちゃって、なんかみんなボンヤリしちゃった。いつまでも聴けると思ってた声が、突然聴けなくなるということが、当然のようにある……ってことに気づかされて、なんだか参ったよ。

まぁ、瀧さん死んだわけじゃないからね。これは大事。生きてるんだ。きっと取調室で毎日カツ丼食べて、恐らく刑事さんに『かあさんの歌』を耳元で唄われてると思う。『グリーングリーン』かもしれない。ほとぼりが冷めたらラジオで前科話をしたり、「賠償金返済ツアー」で荒稼ぎしてもらわないとこっちはションボリさせられ損だ。だからしばらく待つしかないね。

それを（たぶん）みんなが望んでるってのは、やっぱりとんでもない人なんだ。あと28年経ったら君もわかるはずだから、とりあえず今は『電気グルーヴのオールナイトニッポン』ちゃんと録音しといてね。

ＡＸＩＡのスリムケースに「電グルオールナイト読まれた回」ってラベル貼ってな。今なら2人のラジオを、君と同じで「一生懸命」聴くからさ。

（2019年5月号）

((50))

電気グルーヴのオールナイトニッポン

1991年6月〜1994年3月　ニッポン放送　毎週火曜日　深夜1時〜3時

海外でも評価が高いテクノユニット電気グルーヴのうち、喋りに定評がある石野卓球とピエール瀧の2人がパーソナリティを担当したラジオ番組。番組開始時はほぼ無名のため、土曜日二部だったが、1年あまりで「とんねるず」の後を継いで火曜一部に昇格。単語を組み合わせたり、語順を入れ替えたりして、その語感を笑うという「平成新造語」のコーナーは人気の長寿コーナー。他にもさまざまなコーナーが出来ては消えたが、基本はリスナーが想像力を駆使して投稿し、それを2人が面白おかしく紹介する、というもので多くの著名なハガキ職人によって支えられていた。投稿にとどまらず番組発の過激なイベントでリスナーが集結することも多く、サブカルチャーの匂いが漂う深夜番組として、多くのラジオ関係者に影響を与えた。

第51回

『真打ち競演』と段ボール2箱分のカセットテープ

2019年9月30日、7年間家族で住まった借家を転居した。思い切って断捨離。「心のときめかないものとはお別れ!」と、コンマリなる女が言っていた。なんかいけすかないけど、まあ理屈はわかる。心を鬼にしてあらゆる思い出の品を、45リットルのゴミ袋にガスガス放り込んでいく。粗大ゴミの回収シールを貼っていく。だいぶスッキリしたなと思ったら、段ボール2箱の大量のカセットテープが現れた……。

高2の春のはなし。

はずみで入ったラグビー部は1年で辞めてしまった。やることもなくフラフラと浅草六区を流していると、のぼり旗のはためく怪しげな建物。「浅草演芸ホール」と不思議な書体で書いてある。

学生1300円。「夜の9時までいられますよ〜」と太った出っ歯のオバさん。「落語は映画より安いよ〜」とカバオバさんのしつこい勧誘に負け、やけ気味に入ってみた。意外と人がいる。ただほとんど老人。でもなぜかみんな笑ってた。なんだ？　この空間は？　ずるいぞ、老人たちばっかり楽しみやがって！　若者は俺しかいない。これだな‼

翌日、私は担任の大野先生に聞いていた。『落語研究部』ってプレートのある空き部室がありますけど、誰もいないんならボクやってもいいですか？」鍵をもらい戸を開けると、中は意外と整理されていて畳が敷いてある。その上に「古典落語全集」と題された本とカセットテープが数本、丁寧に揃えて置かれていた。まるで昨日まで部員がいたみたいだ。20年以上途絶えてるはずなのに。

『落研』だから落語を覚えてやりゃいいのか？　ページをめくると「三遊亭金馬『金明竹』」とある。……読んでも面白くない。テープの束の中には手書きで同じタイトルが記されたものがあった。聴けば……面白い！　覚えた落語を友達の高木に無理やり聴かせてみた。「うーん、難しいことはわからないが、つまらないか面白いかで言えば、面白いかな」

そうか、俺は天才なんだ！　他にも覚えたい！　「柳家小さん『時そば』」と全集にあるが、部室にはテープがないぞ。

次の日曜日、ボンヤリと朝刊のラジオ欄を眺めていると「小さん時そば」とあった。ラジオでやんのかよ!?　番組名は「真打」と書いてある。今夜はニッポン放送『新日鉄コンサート』は聴かず、22時にダイヤルをNHKに合わせる。空テープをセットし、録音予約完了。なるほど、やっぱり落語は読むより聴く方が面白い。真似してやってみたが、ラジオだからそばの食い方がいまいちわからん。

その番組は『真打ち競演』という名前だった。

「春日部図書館に『落語コーナー』ってあったんじゃねぇの?」高木が教えてくれたそこは、宝の山だった。小さんの「時そば」のVHSビデオがあるじゃないか。これで仕草がわかる!　それどころじゃない。市販されている昔の名人たちの落語テープが網羅してあった。さっそく適当に見繕ってカウンターへ。「おひとり様1回6本までです」司書の姉ちゃんから冷たく言われるもその日から暇さえあれば、ジャスコの新星堂で1本100円の空テープを買ってダビングダビングダビングダビングの毎日。

SONY、AXIA、maxell、TDK……いろいろ試したがNikonのテープが若干安くてありがたい。A・B面に一席ずつ。ラベルにサインペンで落語家の名前と演目を書き込んでいく。書体を工夫してみたり、だんだん凝り始める。もちろんラジオのエアチェックも怠らない。現役の落語家の噺が溜まってきたら、休日は自分が席亭になったつもりでプログラムを組む。昼トリは志ん生の「替わり目」、夜トリは文楽の「明烏」。もちろん談志に志ん朝も小三治もいる。自分ひとりの為の古今東西名人寄席の開演だ。

そんな気持ちの悪いことしてたら、今みたいな感じになっちゃった。すっかり中年の落語家だ。で、目の前に段ボール2箱。一体どうすんだ、これ。もうすでにカビちゃったテープもあるし、そもそも録り貯めた音源のほとんどはYouTubeや音声配信で聴けるのだ。正直、持っていても場所をとるばかりでどうしようもない。

ため息まじりに一本一本、手にとって見つめる。

あれ？　けっこうときめいてしまったぞ、コンマリ。じゃあしょうがない。新居に運んだ段ボールから20年ぶりに「自分寄席」のプログラムを組んでみた。僭越ながら、開口一番は『真打ち競演』に初めて出演したときの私の落語にした。聴いてみたら、当然ながらまだまだ精進が足りないや。しっかりしろ、俺。

（2019年12月号）

あとがきにかえて　心の中で呼び捨てできる距離感が、ちょうどいい

2020年10月某日。上野鈴本演芸場の夜の楽屋。「師匠、さっきラジオで私の話してくれたって？　わざわざツイッターで教えてくれたリスナーさんがいましたよ。なんかすいませんねぇ〜」自分の方が大先輩なのに私を「師匠」と呼んでくれるのは、漫才コンビ・笑組のゆたか先生。寄席の世界では漫才さんは◯◯先生と呼ぶ。キャリア20年以上も先輩の笑組さんは、私にとってはもちろん「先生」。「こちらこそ……なんかすいません」と頭をかいた。

ニッポン放送『春風亭一之輔 あなたとハッピー！』。その日のメッセージテーマは「思い出のラジオ」。私はフリートークで『内海ゆたおの夜はドッカーン！（夜ドカ）』について熱く語った。笑組ゆたか、元の芸名は内海ゆたお。中1のとき、この人の『夜ドカ』を聴いてから私の本格的な深夜ラジオライフが始まったのだ。そんな「私のラジオスター」と、いま寄席の楽屋でお茶を飲みながら話している。ほんと不思議だ。

8年前の私の真打ち披露の打ち上げの席。「昔、先生のラジオ聴いてました！」と打ち明

けると、ゆたか先生は喜びながらも『夜ドカ』の頃のツラかった話を聞かせてくれた。「ストレスのせいかな。放送のない土日なのに夜10時になると必ず蕁麻疹が出たんだよ〜」と苦笑いするゆたか先生。うわ……あんまり聞きたくなかったなぁ。

そんなプレッシャーまみれだった『夜ドカ』の話を、今更蒸し返されてもご当人は嬉しくないんじゃないか……と思いつつ、ついつい避けて通れず思い出話をしてしまったのだが、案の定、リスナーにチクられてご本人の知るところとなった。「すいません。勝手なことをペラペラと……」「なんのなんの、こちらこそありがとうございます」

それからなんとなく、その頃の話になった。

ゆたか「そもそも、ラジオをやるのは乗り気じゃなかったんですよねえ……。師匠（内海好江師匠）にも反対されたたし。当時の事務所に『ヤンパラ』の後番組のオーディション受けさせられて、失礼な話ですけど運良くか悪くか通っちゃったの。そのとき、一緒にオーディション受けて選ばれなかったのが『あの人』でね……『その人』が私の後番組をやることになって……」私「実は『その人』が来週のゲストなんですよ」ゆた「あー、最近会ってないなぁ。よろしくお伝え下さいな」

ゆたか先生は「ほんと不思議だねぇ……」と言ってお茶をすすった。

『その人』とは……ご存じ、伊集院光。落語家という商売をしていると「自分に影響を与えてくれた人」に会えることも多いが、いまだ伊集院光には会ったことがない。だからまだここでは呼び捨てでいいかな。「長嶋茂雄」「美空ひばり」「ドラえもん」と、スターは呼び捨てだ。

「初めてのゲストは伊集院さんでどーですかね⁉」と息巻く担当Nディレクターに「いやいやー、来てくれるわきゃないでしょうよ。あちらは月~木とはいえ、金曜日の同じ時間帯の真裏ですよー」と私。ニッポン放送に伊集院が出てた頃からの旧知のNディレクターは自信満々だった。そんなやりとりがあったのがひと月ほど前で、あれよあれよと出演が決まる。新刊本のプロモーション、という建前もあるが先方も出演に前向きらしい。正直、ちょっと憂うつだ。基本的に私は「憧れの人には会わない方がいい」と思うのだ。いや、とても会いたいのだけど。近づくのが怖い。ずっと「伊集院光」と呼び捨てに出来る、その距離で憧れの人の話を聴いていたい。

収録の日は朝から緊張していた。頭が真っ白になって、何も話せなくなったらどうしよう。伊集院光がゲストに来てくれて盛り上がらなかったとしたら……。吐きそうになる。スタジオ入りすると伊集院はすでにそこにいた。私は集合時間の20分前に入ったのに……。「申し訳ありませんっ! 私、時間間違えましたかねっ⁉(汗)」「いやいやいや、こっちが早過ぎたの(笑)。全然全然大丈夫ですからー」。どうやら伊集院……いやもう「伊集院さん」と呼ばねばなるまい。伊集院さん、30分前に着いてたらしい。「遅いよー、ゲストを待たせてー！（笑）」とNディレクター。昔なじみのスタッフが次から次へと挨拶に来る。みんなに囲まれてニコニコしている伊集院さん。それを若いスタッフが「赤坂の人がなんで有楽町にいるんだ⁉」みたいな目で遠慮がちに見ている。ずいぶん昔の話だが……伊集院さんがニッポン放送からTBSラジオに移った経緯もなんとなく聞いているので、多少ピリついた空気があるかと思えば全くそんなこともなく、和気藹々とした雰囲気の収録スタジオ。そこに遅れて飛び込んできたコチコチの私。たったひとり、大人の世界に放り込まれた中学生のようで猛烈に心細い。

「一之輔くんは今いくつなの？」「42です。オーデカ始まったときは中2です」「おー、まさにあの時俺が聴いてもらいたかった世代だー」

伊集院さんは「一之輔くん」と呼んだ。「さん」でも、ましてや「師匠」でもなく「くん」。そうか、伊集院さんの前にいる私は「中2の川上くん」でいいのだ。今日はボンクラ中坊がラジオスターの話を面と向かって聞ける、なんだかわからないけど奇跡的な日なのだ、と……そう思うことにしよう。

収録が始まった。

伊集院さんはゆたか先生にオーディションで負けた話をしてくれた。そもそも入門当初から、それぞれ三遊亭楽太郎（現六代目圓楽）師匠と内海好江師匠の弟子ということで仲良くなった2人。でも『ヤンパラ』というお化け番組の後釜に選ばれたのは前述の通り、ゆたか先生だった。

「彼（ゆたか）はホント才能ある男。でもあのときはちょっとおかしくなっていた。そんなこと絶対に言わないヤツなのに自分を『オレ』、リスナーを『お前』と呼ぶように言われたり（笑）。やっぱりあのときは調子が悪かったんだよね」

収録が止まったときには「アイツは天才」とまで言っていた。この一言が聞けてなんとも言えない気持ちになった。そう、ゆたさんは天才なのだ。

この後は『伊集院光のOh！デカナイト』の話。あんなコーナー、こんな事件、思い出話から、なんだかんだいってニッポン放送というラジオ専門局でラジオの基本を叩き込まれたことはありがたい……などなど。『中2の川上くん』は一言も聞き漏らすまいと必死だ。

元落語家の伊集院さんと現落語家の私。そのうちに落語の話になり、落語家・楽大時代の思い出話から「もう落語はやらないのですか?」というリスナーからのメールを読んだ。師匠の圓楽師匠と二人会をやる……かもしれないとのこと。「一之輔くんにいろいろ聞きたかったんだよなぁ……（中略）……『落語』ってなんなんだろうね?（笑）」と伊集院さん。急に「中2の川上くん」から「42歳の一之輔」に戻されてしまった……が、とっさに口から出たのが「伊集院さんがいつも喋ってるトークはもう落語そのものじゃないですか⁉　それでもう十分ですよ！」という、安直だけど、本当に私がそう思ってること。たぶん「中2の川上くん」が言わせたのだと思う。

青臭すぎて、顔から火が出る……でもホントそうだよな。

収録の合間に「LINEの交換いいかな？」と伊集院さん。「はー、もちろんです。はい」と慣れない手つきでお互いにスマホをかざし、伊集院さんとLINEを交換。怖いような、嬉しいような……いや、やっぱり怖い。「気軽にLINEなんか出来ねーよなあ……だって『伊集院光』だろ？」と、「中2の川上くん」は伊集院さんのLINEアイコンを見つめながらそう思った。

明くる日の上野鈴本演芸場の楽屋。

「昨日、伊集院さんとラジオ録ってきました」と私。

「そうですか。元気でしたー？　なら良かった。これ、『夜ドカ』の録音。師匠、よかったら聴きます？」と120分と60分の2本のカセットテープを差し出すゆたか先生。「えー⁉いいんですか⁉　聴きます！　聴きます！」カセットテープのラベルには「内海ゆたおの夜はドッカーン！最終回」とサインペンで書いてあった。「それ、たしかNさんの字だと思うの。最終回のあと渡されたのかな」いろんなとこに顔出すNディレクターである。

私「先生、ありがとうございます！」ゆた「あれ？　師匠は私のこと『先生』って呼んでたっけ?」私「はい。ずーっと『先生』ですよ」ゆた「もう勘弁して！『あにさん』でいいですよ！」私「そうですか。呼びづらいなぁ……でも、先生、ありがとうございます」ゆた「はは、なんでもいいけどね（笑）」

帰宅。その晩は家族に早めに寝てもらった。借りたテープを『夜ドカ』の放送開始時刻の夜22時ジャストから聴きたかったのだ。リビングのソファーに寝転がり、イヤホンをして、22時の時報とともに再生してみる。若々しいゆたか先生……いや、ゆたさんの声。「今日で最終回。今までありがとなっ！」アニキ口調が今となってはちょっと違和感があるが、微笑ましい。

内海ゆたおの声を聴きながら目をつぶると、実家の勉強部屋を思い出した。四畳半の西陽に焼けた畳。古びた真っ赤な電動鉛筆削り。「SEVEN STAR」とロゴの入ったファンシーケース。アンテナを目一杯伸ばして、窓際に置いていた姉のおさがりのダブルラジカセ。小1のときに婆ちゃんに買ってもらってから、だいぶ傷が目立ってきた学習机。それにつっぷして寝落ちするまでラジオを聴いてたっけ。

「そんなとこで寝てると風邪ひくよ」と、まだ起きていた息子（中3）の声に我に帰る。

「ラジオ（昔の）聴いてんだよ。まだ寝てないって！」と私。中学生の頃、親とこんなやりとりしたなぁ。四半世紀も経って、自分の子供に起こされるとは思わなんだ。「……何してたんだよ？」と私。「……なんだっていいじゃん」と息子。こいつはラジオ聴かないのかな。聴いてるのかもしれないけれど……まぁ、いいか。１２０分テープはまだクルクル回っていた。ゆたさんはまだ喋り続けている。私の人生のＢＧＭはやっぱりラジオなのだ。

伊集院さんとはその後、お互い御礼のＬＩＮＥを交わし「じゃ、また会いましょう」みたいな流れになったのだが、コロナ禍もありそのままになってしまっている。まぁ、これで良いのだろう。これでまた私は「伊集院」と心の中で呼び捨てに出来る。だってラジオスターだもの、この距離で聴いているのがちょうどいいと思うのです。

（書きおろし）

あの頃の僕らとラジオと

春風亭一之輔×佐藤寿夫さん×高木大介さん
春日部高校の同級生鼎談

本書でもたびたび登場してくるのが、一之輔の友人たち。同じようにラジオ好きということで、皆さんでワイワイと「あの頃」を振り返るラジオ話。ねえ、あの時、何を聴いて何を思ってた？

構成／古澤誠一郎

一之輔　この本読んでどうだった？

高木　川上（一之輔の本名）の小中学校の頃の話は、やっぱり知らないことが多かったな。

――皆さんはいつからのご友人なんですか？

佐藤　3人は埼玉県立春日部高校の同級生。川上と高木は、2年生の頃から落語研究部で一緒だった間柄です。僕と高木は中学校も一緒でもともと友達だったから、それで落研の部室に遊びに行くようになりました。落研の部室には『ビートたけしのオールナイトニッポン』のラジオ本があって、あれが読みたくて行った日も多かったな。

一之輔　あれ、先輩が置いていったんだろうね。

佐藤　そうだろうね。この本にも書いてあったように僕らは『ビートたけしのオールナイトニッポン』には乗れなかった世代で、でも伝説だけはよく聞いてたんです。

――みなさんが高校に在学していたのは1993年から96年で、『ビートたけしのオールナイトニッポン』は90年に終了していたので、ちょっと聴くには幼すぎたんでしょうね。

一之輔　でもラジオの本って当時はよく出てたし、俺も昔は買ってたなぁ。

佐藤　岸谷五朗さんもTBSの夜の番組（『岸谷五朗の東京RADIO CLUB』）で『ボンビーくん』ってラジオ本を出してたし、他にも、今じゃコンプラ的に考えられないような変なタイトルの本もあったりしたよね。

都市伝説としてのマイルーラ

佐藤　あと話のネタになると思って、俺らが高2の時代の94年10月のラジオ欄のコピーを持ってきたよ。ちょうど秋改編の後だね。

一之輔　さすが今や文化放送勤務のラジオ人！

高木　俺も90年代の『ザ・テレビジョン』を持ってきた。

一之輔　おー、表紙が永井真理子じゃん！　永井真理子って今もかわいいんだよ。

高木　このあいだ『SUNDAY FLICKERS』にゲストで出てたでしょ？

一之輔　でも電話出演だから会えなかったんだよ。

高木　『あなたとハッピー！』には宮前真樹も出てたよね。かわいかった？

一之輔　かわいかったよ。あとニッポン放送ってCoCoの番組もあったから、彼女のホームなんだよね。だからスタジオに来ると、古いスタッフが集まってきて「おぉー真樹！」みたいにみんなでハグして、俺だけポツンみたいな（笑）。

佐藤　CoCoの番組は文化放送でもあったけど、やっぱりニッポン放送で「マイルーラ」が提供だった番組の印象のほうが強いなぁ。

一之輔　スポンサーだった大鵬薬品の殺精子剤ね。

佐藤　この本を読んで久しぶりに思い出したよ。

一之輔　殺精子剤ってアソコにフィルム入れるんでしょ？

高木　ワケわかんなかったよね。見たこともない。

一之輔　どういう感じなの？　口に入れると溶けるフィルムシートみたいな感じ？

高木　え、それを直接入れるの？

佐藤　見たことないからわからない。

一之輔　3人ともいまだに何なのかわかってない（笑）。マイルーラ、実在してない可能性もあるぞ！

エッチな本のラジオCMがあった時代

一之輔　高校の頃はあと何をしてたっけなぁ。学校の近所にエロ本屋があって……。

高木　踏切渡って突き当たりのとこね。あそこで『ピザッツ』を見たのは思い出だなぁ。

佐藤　この本の版元の双葉社さんとの出会いだね（笑）

高木　あと『アクションカメラ』は別の会社ですかね？

――あれはワニマガジン社ですね。

佐藤　ラジオCMでもやってたよね。

一之輔　「口演奏」テーンテテテンテッテテンテーーンみたいな曲が流れるやつでしょう？「ビーチでピチピチ！」みたいなフレーズと一緒に。

高木　あったあった！

佐藤　ラジオは番組だけじゃなくコマーシャルでも「あったあった！」って話がいろいろあるよね。

一之輔　BVD富士紡の「パンツの中までびしょ濡れだ」ってフレーズとか、「馬のマークの参考書」とかね。

佐藤　じゅけーん、じゅけーん、けんきゅうしゃ！って歌ね（笑）。それにしても、ラジオでエッチな本のCMが流れてたって凄い話だよね。

一之輔　まあ、今ならあり得ないよね。

高木　テレビは「家族みんなで見るもの」だけど、ラジオって基本的にひとりで聴くものだからなぁ。だから自分の好きな番組を聴けたし、そこにエッチな要素も入ってたりしたし。そういう存在だから、か、中高生の頃は友達とラジオの話なんて、あんまりしなかったよね。

佐藤　「私的な領域のもの」って感じだったのか

な。僕は中学生の頃から『Oh!デカ』（伊集院光のOh!デカナイト）もかじってたけど、友達とはほとんどその話をしなかった。高校入ってからも、この2人ともそんなにラジオの話はしなかったから、この本を読んで「こんなにいろいろ聴いてたんだ」って驚いたよ。それと、夏休みの日にずーっとラジオを聴いている感じとかはリアルだなぁって。

高木　たしかに夏休みはやるMAN［吉田照美のやる気MANMAN!］とか聞いていたなぁ。

佐藤　本にも出てきた小俣（雅子）さんがいらっしゃってね。

高木　原稿読んだときに俺も「かわいい人なんだろうな」って想像してたこと思い出したよ。

「こいつを笑わせたい」という気持ち

高木　川上とはラジオよりテレビの話をする方が多かったな。

一之輔　朝の授業が始まる前に、教室でずーっと話をしてたよね。

高木　俺はトシオ（佐藤さん）と毎朝一緒に通学してたから、そこで川上に話す予定の内容を一度喋ってたんだよ。「こういう構成でこんなふうに話そう」って考えながら。

一之輔　真面目！

高木　川上と話すときは「ちゃんと楽しませなきゃいけないな」って思ってたんだよね。なぜか。

――その頃から師匠は笑いで一目置かれる存在だったんですか？

一之輔　俺は自分ではわからないのよ。どんなだったの俺？　ヒーロー？

佐藤・高木　ではない。

一之輔　えー！　クラスの人気者とかじゃないの？

佐藤　人気者は人気者だった。でも、一部からのカルティックな人気を誇ってる方の人気者。

一之輔　カルト集団の教祖的な？　『マーダーケースブック』に出ちゃう感じ？

高木　少なくとも「サッカー部のオガワ君」みたいじゃない（笑）。やっぱ落語研究部だから。

一之輔　Aグループじゃない感じだよねぇ。

高木　ただ文学部とか弓道部とかに人気だったし、「川上に認められたい」じゃないけど、「こいつを笑わせたい」って気持ちはあったなぁ。でも放課後は逆に川上の落語をぼやっと聞きながら、「今の間がなぁ」とかわかったようなダメ出しをしてたけど（笑）。

一之輔　言われてたわ〜。

高木　でも川上は本当にうまかったよね。

一之輔　そう！うまいんだよ俺（笑）。というか最初からできたんだよね。だから最初は「こんなのチョロいし、誰にでもできるじゃん」って思ってた。もちろん勘違いで、後々苦労もしたんだけど。ただ部室ではそんなに落語の練習ばかりしてたわけじゃないし、放課後にスーパーカップとか食いながらヤンマガとか読んで、グラビアの文句言ったりとかして過ごしてた記憶が強いなぁ。高木はラジオでエロい番組とかは聴かなかったの？

高木　『工藤夕貴のパンゲア計画』って番組があって、「これは絶対エロいやつだ」と思って聴いたら、何か「自然を守ろう」みたいな番組だったことはあった。

佐藤　パンゲア大陸（大陸が分裂・移動する前に存在していたと想定される巨大な一つの大陸の名称）が語源だからね。

高木　「パンゲ」って言葉に何かを感じたんだよね。

一之輔　ラ・テ欄見て「超エロいんだろうな」と思ったら、全然エロくない番組ってよくあったよなぁ。

高木　この本にも出てきた「ナース井手」さんの名前にもエロを感じてたよ。寺ちゃんとの番組とか実際に聞いてたし。

佐藤　この本で『夜はキラキラ　寺チャンネル』について、「グラビアアイドルだかAV女優だかが生放送中に別室でシャワーを浴びてる最中に、寺ちゃんとナースがインタビューをするというコーナーがあった」って話があったでしょ。これ、社内の都市伝説的に聞いたことあるけど、あのシャワーの音は文化放送の地下のシャワー室で実際に浴びてたらしい。

一之輔　本当に浴びてたんだ！

佐藤　らしい。プロの方が毎週ね。

一之輔　お尻を叩いたりして、その音が聞こえるんだよね。

佐藤　そうそう。その噂のシャワー室って、四谷にあった頃の文化放送の地下にあって、僕も見たことあるんだけど、本当に暗いところにあって、あまり使いたくない感じなの。でも、そのシャワーシーンの収録のときだけは、すごく人が集まったんだって。

一之輔　人間だねぇラジオマンも。

佐藤　僕はそういう話を聞いてたから、この本を読んで「川上くんはリスナーとしてこれを聴いてたんだ」って感慨深かった。

一之輔　夕方にメチャクチャ聞いていたよ。何せおちんちんが大きくなった初体験がこの番組だったから、「何だこれは!!」って慌てたもん。ちょうど晩ごはんに呼ばれるのと同じ時間だったから、最初は「極度にお腹が減るとおちんちんが大きくなるのかな？」と思ってたし。

「いつもの人」に会いたくなる

一之輔　ほかには高校生の頃はどんなラジオを聴いてたの？

高木　うーん。『Oh!デカ』と『とんカツワイド』をハシゴしてた感じかな。

一之輔　普通しないよ！　そのハシゴ。

高木　『とんかつワイド』の前って『キッチュ！夜マゲドンの奇蹟』なんだよね。

佐藤　そうそう、ヨルマゲがあった！

高木　その流れが自分の中では「ああ、ここだな」って感じだったんだと思う。

佐藤　僕はキッチュには間に合っていないんだよなぁ。僕もやっぱり『Oh!デカナイト』。埼玉県民でライオンズファンだったから、文化放送のライオンズナイターを聴いて、ちょっとテレビに行った後で『Oh!デカ』って流れだった。あと『Oh!デカ』に入ってた番組で好きだったのは『都並クン・藤川クンのイエローカードなんて怖くない』。

一之輔　あったね！

佐藤　当時はJリーグといったらみんなヴェルディファンだったんだよね。だから僕も埼玉県民だけど最初はヴェルディが好きで、このラジオも聞いてた。都並さんのような日本代表の選手が帯でメッチャ普通に喋ってたんだよね。

一之輔　しかも面白かったんだよ。

佐藤　そう、面白いの。僕は元々スポーツが好きだったから、この番組からニッポン放送の流れに入って、伊集院さんをそのまま聴く感じになったんだと思う。

一之輔　俺らが高校1年生のときにJリーグが開幕したんだよな。

佐藤　入学した年の5月だね。

一之輔　ラグビー部のヤナガワ先生に「これもラグビーに通じるんやで」って言われて『オフト革命』読まされたもん。野田のジャスコで買ったことまで覚えてる。

——ラグビー部時代の辛い合宿中、『松村邦洋のオールナイトニッポン』が癒やしだったという話も本書ではありました。

一之輔　過酷な場所では「いつもの人」に会いたくなるんだよ。

佐藤　わかるわぁ。

一之輔　また松村さんのラジオが凄くいいんだよね。本当に面白いし天才だと思う。

高木　2時間ずっと木村拓哉のモノマネでやるとかあったよね。

一之輔　『織田信長のオールナイトニッポン』もあった。「本能寺をキーステーションに……」って(笑)。

電気グルーヴという存在

佐藤　この本を読んでて「羨ましい！」と思ったのは、自分が間に合わなかった『電気グルーヴのオールナイトニッポン』を聴いていて、しかもハガキまで出してたことだなぁ。

高木　俺は電気グルーヴと川上の記憶については、『Shangri-La』に文句言っていたことしか覚えていない。

一之輔　すごいな、高校生の俺（笑）。

高木　ずっと「あんなの電気グルーヴじゃない」って言ってたよ。あ、あと川上は一緒にカラオケ行ったときに『富士山』を歌ってた！　周りがすうっと引いていった感じも覚えてる（笑）。

一之輔　あんなキャッチーな歌なのに何でだよ！　あと『Shangri-La』は売ろうと思って作った曲でしょ？

高木　それも言ってたし、「でも、それが実際に売れるのが天才だ」とも言っていた。

一之輔　こしゃくな高校生だなあ。でも電気のオールナイトはホントに一生懸命聴いてたよ。

佐藤　今日持ってきたラジオ欄の『Oh!デカ』には電気が出ていて、「ルナシー緊急生出演、電気グルーヴ熱湯攻めに篠原涼子絶叫」って書いてあるよ。

一之輔　くだらねえなぁ！

高木　『Oh!デカ』だったらベースボールクイズの思い出が一番強いな。

――ベースボールクイズにハガキを出したりはしましたか？

佐藤　僕は聴く側でしたね。あとウチは、リビングのど真ん中に電話があったから、電話で出演するのが恥ずかしくて（笑）。それとオールナイトニッポンといえば、古田新太さんも91～2年にやってたんだよね。その時代の古田新太さんなんて誰も……。

一之輔　知らないでしょ。

高木　何となくラジオって、そういう劇団の人が出てたり、ちょっとアングラな香りがしたもんね。そういう感じが好きでラジオをよく聴いてたのかも。

佐藤　それはあるねぇ。

高木　中高生くらいにありがちな、「ちょっと君たちとは違うんだよ」みたいな優越感を感じながらね（笑）。

一之輔　だからこそ、同じ番組を誰かが聴いているとわかったときに、どこかでガッカリ感を感じるんだよ

佐藤　そうそう。この本にも出てきた岡村孝子さんの話とかね。

一之輔　「この日曜の昼下がりに、俺が聴かなきゃ誰が聴くんだ！」みたいな使命感を持って聴いてたからね（笑）。それが近鉄の石井（浩郎）と結婚したって聞いたときには、「え、こっち側に来ちゃったよ！」って思ったもん。だって近鉄だぜ？　板前さんみたいな顔だぜ？

佐藤　（笑）。ラジオでしか知らない人が急に表舞台に出てきてビックリすることはあったよね。俺は中学生の頃に伊集院さんがテレビに出始めたとき、「こんなにデカいんだ！」って驚いたもん。

一之輔　俺も『ヒューヒュー』（1992～93年に日本テレビ系列で放送されていたバラエティ番組）で本物を見てびっくりした。

佐藤　俺も『ヒューヒュー』がテレビ最初の伊集院さんだな。

高木　俺もそうだった。最初「伊集院光」ってテレビにテロップが出たとき、「あの伊集院光」と「この伊集院光」に全然つながりが感じられなかった。

佐藤　『ヒューヒュー』を見ながら「頑張ってくれ…！　俺は応援しているぞ！」みたいな気持ちだった。

一之輔　自分の中のラジオのヒーローが「そんなにメインじゃない感じ」でテレビに出たときの身内感ってあるよね。オーケン（大槻ケンヂ）とか電

気はテレ東の深夜の『モグラネグラ』に出てたけど、あれはラジオの延長みたいで面白かったけどね。

伊集院光という存在

――皆さんが聴いていた『Oh!デカ』のパーソナリティーは伊集院さんでしたが、どんな存在だったんですか？

佐藤　高校に入っても『BOYS BE…』みたいな日常がないことを知ってしまったときに、「それでも楽しく過ごせてればいいや」という気持ちにさせてくれたのが伊集院さんでしたね。伊集院さんがいなかったら、僕はラジオ局に勤めようと思わなかったと思うし、ラジオの世界に入ってからは「こんなにも伊集院さんファンがいるんだ」って驚かされました。

――高木さんはいかがですか？

高木　何だか兄貴的な存在でしたね。リスナー参加型のコーナーでも、いろんなことを受け止めてくれて、すごくきっちり返してくれて。でも僕の中のラジオは、もうちょっと昼間の時間帯のものだったから、「ちょっと違う場所にいるお兄さん」って感じだったかな。当時は凄すぎて距離を置いてたというか、「もっと熱心に聴いたら絶対面白いんだろうな」と思ってたというか。

一之輔　ハマっちゃう自分を想像すると怖かった、みたいな感じね。

高木　そうね。何もかも影響されちゃいそうだな、という感じがあった。

一之輔　大学の同級生ですごい伊集院さんが好きなやつがいて、しゃべり方が語尾まで一緒だったんだよ。そんな人いっぱいいるんだろうなぁ。俺も凄く好きなんだけど、TBSの『JUNK』まで追いかけなかったから、中高生ぐらいでイメージが止まってるんだよね。だから自分の番組に出てもらったときも、恋焦がれていた人に会うというよりは、昔好きだった人に会うみたいな感じだった。

――一之輔さんがラジオをあまり聴かなくなったのはいつ頃なんですか？

一之輔　やっぱり大学入ってですかね。大学の同級生や先輩とか、リアルに接する人との時間が長くて濃密すぎたから、ラジオはBGM代わりに流すことはあっても、深夜まで聴き込むことはなくなりました。あと東京に出て、お笑いのライブとか寄席とか映画を直接見に行くことが増えたのも大きかったと思う。

高木　たしかに大学のときって周囲が新しいものだらけだから、やっぱりラジオから離れちゃうよね。でも、コロナ禍で在宅勤務が増えている中、また昼間のAMラジオを聴くようになって、「このの温度感ってすげえいいな」と思ったよ。だから川上のラジオも、「ほどよくぬるい感じがちょうどいいなー」と思って聴いてます。

佐藤　ラジオって「一生懸命聴かなくてもいい」っていう楽さもあるからね。

高木　そうだね。でも中高生の頃の深夜ラジオって、聴く方も一生懸命でなきゃ付いていけない雰囲気があった。

一之輔　いま芸人の深夜ラジオを聴いてても、昔のように入っていけないもんね。そう考えると、たぶん俺はずっと伊集院さんを聴き続けてたら、ラジオパーソナリティなんてできなかったと思う。憧れが強すぎて、「あんな人がいるんだから俺にはできない」ってなってたと思うから。それが中高の後で一度ラジオから離れて、自分の中でのメインの存在が落語になって、ラジオが間食のような存在になったから、こうやってパーソナリティもできてるんだと思う。

ビバリー昼ズの存在感

佐藤　あと最近は、オードリーさんとかナイツさん、それに川上くんもだけど、自分と同じ世代の人達がラジオを担う存在になってきたのが凄く嬉しいんだよね。

一之輔　ナイツなんか「よくあんなに喋ることあるな」って思うよ。毎日のようにラジオやっててさ。

佐藤　ナイツのラジオ聴いてると、オープニングトークは昨日見たドラマの話ばかりだったりするけどね（笑）。

一之輔　ドトールの雑談じゃん、それ！

佐藤　むしろそれがいいのよ。ホント、在宅で仕事しながらだと聴きやすいから。

高木　最近はコロナで会社の人と雑談する機会がなくなって、リモートの会議も目的があることしか喋らないから、ラジオを聴いてると「本当は自分もこういうユルい話をしたいんだな」って思うよ。それを聴いてるだけでも気持ちがぜんぜん楽になるから。

佐藤　あと在宅勤務でラジオを聴きはじめると、昔から続いてる番組にこの歳になってから出会えるのも楽しいよね。僕はこの歳になってはじめて『高田文夫のラジオビバリー昼ズ』を聴いたんだけど、松村さんと磯山（さやか）さんが林家ペー・パー子夫妻のモノマネをしてたり「何だこの番組は!?」って、面白さに驚いたもん。

一之輔　『ビバリー昼ズ』はこの本では少ししか触れてないけど、僕の中でかなり大きな存在なんだよね。

高木　ビバリーの話は高校のときもしてたよ。

一之輔　毎日テープに録って絶対に聴いていたからね。『Oh!デカ』と同じぐらい存在感は大きかったし、影響もかなり受けてると思う。高田先生はそれこそ大阪のお笑いに対抗する東京のお笑いの元締め的な存在だし、今もそういうポジションで番組やっているのがホントすごいよね。

佐藤　今も松村さんとか清水ミチコさんとか松本明子さんとかが大活躍してて、安心して聴けるのもいいなって。いい意味で聞いても何も残らないし。

一之輔　そう、残んないのよ（笑）。それがいい。

「1人で聞くもの」ということ

佐藤　最近は地方で落語会をやると、「いつもラジオ聞いてます！」っていうリスナーさんも多いんじゃない？

一之輔　いっぱい来るね。

佐藤　ラジオリスナーでイベントに来てくれる人って、何個か壁を乗り越えて来てくれた感じの人が多いよね。

一之輔　いるね、そういう人。本当にありがたいけど、そんなに俺に懐かれても困るし、番組でも「別に友達じゃねえからな！」って言ってるから(笑)。今はリスナー同士でもTwitterで横のつながりとかあるじゃない。メール読まれたら「おめでとう！」とかさ。

佐藤　昔はなかったよね、そういう横のつながり。

一之輔　その一体感が俺は何だか苦手でさ。単純に自分の頃にはそれがなかったから悔しいのかもしれないけど。俺は「ラジオは孤独に聴くものだ」って思ってるから。

佐藤　そういえば当時は番組の会報ってあったよね。

一之輔　『Oh!デカ新聞』ってあったな。コンビニのFAXで出力できて、50円払うと感熱紙で出てくるやつ。

佐藤　あったなぁ。あれはある意味SNSの走りみたいなものだったのかもね。

――「会ったことはないけど、自分と同じ番組を聴いていて、同じようなものが好きな人がどこかにいる」って感覚を共有できる点では、SNSで人と繋がるのと同じかもしれないですね。

一之輔　でも、その人と会いたいかな？　それでイベントとかに行って会っちゃう人もいるんだろうけど、俺は会いたいとは思わないし、「聞き専」の側だなぁ。たぶん今も両方のリスナーがいて、パーソナリティとしてはどちらもありがたいお客様なんだけど、俺はひとりで部屋でラジオを聴いていてハガキを書いたときが、リスナーとして一番楽しかったかもしれない。

佐藤　ホント、この本のあとがきじゃないけど、そのくらいが「ちょうどいい距離感」なのかもね。

高木　ラジオってホントにどこまで行っても「ひとりで聴くもの」だからね。俺らが高校の頃、「あれ聞いた?」って話をしなかったのも、そういうことだったのかもな……って今話をしながら思ったよ。

——これだけ昔のラジオの話をすると盛り上がるのに、当時はその話をしてなくて、でも同じ記憶を共有している……っていうのが何かいいですね。

佐藤　「詰め過ぎない距離感のよさ」があった時代なのかもしれないですね。この本に関しても、『人生のBGMはラジオがちょうどいい』って聞いたときから、いいタイトルだなと思ってましたけど、実際に本を読んで、今日こうやって話をして、改めて「なるほどな」と思いました。

STAFF
番組解説　入江たのし
鼎談構成　古澤誠一郎
装丁　山田和寛＋佐々木英子（nipponia）
装画　ひうち棚
編集　栗田歴

人生《じんせい》のＢＧＭはラジオがちょうどいい

二〇二一年九月一九日　第一刷発行

著者　春風亭一之輔
発行者　島野浩二
発行所　株式会社双葉社
〒一六二-八五四〇　東京都新宿区東五軒町三番二八号
［電話］〇三-五二六一-四八一八（営業）　〇三-五二六一-四八三五（編集）
http://www.futabasha.co.jp/（双葉社の書籍・コミック・ムックが買えます）
印刷所　中央精版印刷株式会社
製本所　中央精版印刷株式会社

ISBN　978-4-575-31641-4　C0095